Erich Jooß

Weihnachten mit den Augen der Kinder

HERDER / SPEKTRUM
Band 4389

Das Buch

Obwohl es sich jedes Jahr wiederholt, ist es immer wieder neu: Düfte, Lieder, die Lichter im Dunklen – Weihnachten weckt außergewöhnliche Erwartungen, Vorfreude auf Schenken und Beschenktwerden, auf Frieden trotz aller Konflikte. Ausgerechnet in der dunkelsten Zeit des Jahres erleben wir das Licht so intensiv und verheißungsvoll wie zu keiner anderen Zeit. Wenn es auf Weihnachten zugeht, sind Kinder am meisten offen für das Wunder, ohne Klischees und in natürlicher Direktheit, und Erwachsene erinnern sich an die lichte Wärme einer vom Geheimnis umstrahlten Zeit. Bis heute wird das Geheimnis von Weihnachten in immer neuen Geschichten erzählt, in realistischen und erdennahen, manchmal sogar melancholischen, in hoffnungsvollen Geschichten. Viele dieser Geschichten sind aus der Sicht von Kindern erzählt. Durch Kinderaugen erhält Weihnachten ein Stück seiner Überraschung, seines ursprünglichen Glanzes zurück. Erich Jooß hat Geschichten und Erinnerungen gesammelt, die Weihnachten mit den Augen der Kinder neu sehen lehren. Die Botschaft von Weihnachten bleibt. Es bleibt die Hoffnung, daß hinter dem Dunkel ein Stern der Verheißung scheint – auch heute. Die schönsten Geschichten zum Lesen und Vorlesen, erzählt von großen Autoren unserer Tage.

Der Herausgeber

Erich Jooß, Dr. phil., Autor erfolgreicher Kinderbücher, Herausgeber zahlreicher Anthologien, ist Direktor des Sankt Michaelsbundes, München. Bei Herder/Spektrum Herausgeber von Rafik Schami, Zeiten des Erzählens (Band 4259).

Erich Jooß

Weihnachten mit den Augen der Kinder

Geschichten und Erinnerungen

Herder
Freiburg · Basel · Wien

Gedruckt auf umweltfreundlichem,
chlorfrei gebleichtem Papier

Originalausgabe

Herstellung: Freiburger Graphische Betriebe 1995
Umschlaggestaltung: Joseph Pölzelbauer
Umschlagfoto: © KUNST/present
Autorenfoto: © Photo-Atelier Silbernagel
ISBN 3-451-04389-0

Inhalt

I.

Heinz Piontek, Auf Weihnachten zu 9

II.

Hans Bender, Die Herberge 19
Renate Schupp, Der Engel mit dem Gipsarm 23
Hans Baumann, Der Teufel an der Krippe 27
Rolf Krenzer, Torsten und der Weihnachtsmann . . . 31
Truman Capote, Der silberne Krug 35

III.

Gudrun Pausewang, Der Pavillon 57
Lene Mayer-Skumanz, Jedes Jahr dasselbe[1] 63
Mira Lobe, Hans-Peters schönstes Weihnachtsgeschenk 66
Dylan Thomas, Weihnachtserinnerungen 69
Ursula Wölfel, Die Weihnachtslüge 78

IV.

Wolfdietrich Schnurre, Die Leihgabe 91
Siegfried Lenz, Eine Art Bescherung 97

[1] Titel der Erzählung vom Herausgeber gewählt

Rudolf Otto Wiemer, Ein Dorf namens Knast 101
Erich Jooß, Schluß mit Weihnachten! 114
William Saroyan, Am dritten Tag nach Weihnachten 119

V.

Otfried Preußler, Vom wahren, vom wirklichen
Bethlehem 133

Nachwort 145

Quellen 151

I

Heinz Piontek

Auf Weihnachten zu

Advent. Eigenartiges Wort. Obwohl es uns alle Jahre wieder von den Lehrern erläutert wurde, blieb es mir fremd. Für mich, sagte meine Mutter, ist es die schönste Zeit des Jahres. Ich war skeptisch. Mir dauerte sie zu lange. Aber meine Mutter Maria sang mit sehr hohen Tönen sämtliche Strophen der Adventslieder, während sie den mit siebenerlei Gewürzen angereicherten braunen Pfefferkuchenteig durchwalkte oder mich in die Ecke trieb, wo ich zusehen konnte, wie sie die Fußböden unter Wasser setzte, bis sie schimmerten. Einige Lieder, in die sie ihre Erwartung mit besonderer Gewalt zu legen vermochte, wiederholte sie oft. Wenn es dämmerte, machten wir kein Licht, sondern setzten uns in die Küche ans Fenster und blickten stumm hinaus. Manchmal fiel Schnee. Hinter uns fauchte das Feuer im Herd, und in den Scheiben spiegelte sich der Feuerschein aus den Ritzen der schlecht schließenden Klappe.

Dunkelstunde nannten wir die Zeit unseres Meditierens in der Küche. Sie wurde abgebrochen, wenn drüben im Block der Eisenbahner ein Fenster ums andere hell geworden war und uns zu Bewußtsein kam, daß wir in Preußen lebten. Sofort machte meine Mutter Licht, das heißt sie zündete die Petroleumlampe an, weil ihr zeitweise das elektrische Licht zu kostspielig erschien, schaufelte fette Kohlen nach und ging wieder streng an ihre Geschäfte. Aber ich mit meinen sieben oder zehn Jahren, ich hatte nichts weiter zu tun, als an der Dochtschraube der Lampe zu drehen, bis die Flamme so hochschlug, daß sie den Glaszylinder verrußte.

Winter. Das war schon eher ein Wort nach meinem Geschmack. Sobald draußen der erste Rauhreif lag, bestand ich darauf, daß wir meinen Schlitten vom Hausboden herunterschleppten, vergaß auch nicht, die Schlittschuhe vom Nagel zu nehmen. Den Schlitten stellte ich senkrecht neben die Hoftür. Ich freute mich über seine leichte und schnittige Bauweise und daß sein Holz allerhand aushielt, auch wenn das Wetter nach und nach seine gelbe Politur zerstörte. An die Bugleiste band ich die einzige Glocke, die wir besaßen. Mit den Schlittschuhen war es fast noch schöner. Ihren Stahl konnte man mit einem Lappen zum Spiegeln bringen. Vorsichtig prüfte ich den Hohlschliff der Kufen mit den Fingerspitzen. Eins a. Meist aber war der Schnee noch wässrig im Advent, und wie langsam das Eis auf den Teichen wuchs, davon überzeugten wir uns täglich, indem wir Steine, Stöcke, alte Flaschen gegen die Eisdecke feuerten und mit unseren eisenbeschlagenen Absätzen nach ihr hackten. Morgens gingen wir auf das Windeis der Pfütze los. Sein leises sprödes Krachen verschaffte uns Genugtuung. So geistreich waren wir.

Aber die ersten, charakteristischen Geräusche an den Adventsmorgen waren das Scharren des Schneeschiebers, der Raucherhusten sowie einige satte wasserpolackische Ausdrücke unseres Hausmeisters, der uns Tüchtigen die Bahn freimachte. Daß man sich gegen die Kälte schützen mußte, war klar. Die Doppelfenster hatten wir bereits eingehängt und unten zwischen die Rahmen Zeitungspapier gestopft. Aber was den eigenen Körper betraf, diese bleiche zarte Figur, die die Erwachsenen mit der Bezeichnung Dreikäsehoch verallgemeinerten, diesen Körper also mußte ich jetzt mit allem möglichen Zeug panzern: mit Unterhose und Unterhemd, einem Leibchen, langen Wollstrümpfen, die erbärmlich auf der Haut kratzten, zwei

Pullovern übereinander, dann noch die Joppe, die Mütze mit Ohrenschützern und vom Schneewasser verfilzte Fausthandschuhe. Es bereitete mir Unbehagen. Draußen jedoch war ich froh, denn der Ostwind, der podolische, war berühmt, und der Westwind wehte nur heimtückischerweise etwas weniger schneidig. So krauchte unsereins durch die Winterfrühe.

Daß es auf Weihnachten zuging, war überall abzulesen. Mit dem Kopf nach unten, steifgefroren, hingen Gänse außen an den Luken der Speisekammern. Und neben dem Schaufenster der Wildbrethandlung Seja, an eigens dafür eingemauerten Haken, die niedergeschossenen Rehe, Hirsche, Hasen, Fasane. Vereistes Blut klebte an ihren Nüstern, in den Pelzen rings um die Schußwunde, auf den prächtigen Federkleidern. Blut, für unser bürgerliches Fest vergossen. Scheu warfen wir Blicke auf die hellen Bäuche und gebrochenen Lichter. Jugendliche Helden packten die erstarrten Läufe verstohlen mit zwei Fingern. Eigenartig schön, dachte ich, ist wohl die Jägerei. Von den Jägern kam ich auf schnellstem Weg auf den tiefen Wald unserer Ebene. Ich sah ihn vor mir, wie er unter dem Druck des Schnees ächzte, Eichhorn und Dachs schlummernd in ihrem Bau, das Hochwild in weißen Kuhlen um hübsche Futterplätze, Heufäden kauend, überall diese unwahrscheinlichen Schneemauern, die womöglich zwei fürwitzige Kinder begraben hatten, die entgegen den Ermahnungen ihrer armen alten Mutter und ihres armen alten Vaters doch hinaus in den Wald gewandert waren, Schnee, Schnee, kein Durchkommen, vielleicht nicht einmal für den Bringer aller Gaben.

Wenn der Silberne Sonntag und dann der Goldene anbrach, schien die Zeit ungefähr stillzustehen. Ruhelos zogen wir von einem Spielzeuggeschäft zum andern, zuckten die Achseln über das Feilschen der Christbaumkäufer und leckten unsere aufgesprungenen Lippen. Plötzlich war es zum Heulen kalt. Bessere Landleute hatten, bevor sie zum Einkaufen lostrotteten, ihre Kutschpferde in Decken eingehüllt, die Pferde schnaubten, daß die Köpfe in weißem Dampf zerflossen, und hinterließen an ihren Standplätzen große gelbliche Flecke. Im Dunkeln zottelten die Kutschen mit funzelnden Laternen aus der Stadt. Am andern Morgen erwachte man vielleicht schon von Schlittengeläut.

Aber so ein Abend nahm sich Zeit, an morgen war da vorläufig gar nicht zu denken. Talentiert zeichnete ich die Schattenrisse der Schlachtschiffe aus dem Deutschen Flottenkalender von 1911 ab, bei den Pferden versuchte ich die riesigen Atemwolken aufs Papier zu bringen, ich schnupperte an meinem Malgerät, das herb oder giftig roch, dann stellte ich die Wanduhr vor, ohne daß es jemand bemerkte, und gab meinem Leben eine neue Richtung, indem ich den Kompaß meines Vaters, den mir die Mutter übergeben hatte, spielen ließ, ja, ich ließ alles stehen und liegen und schlüpfte in Schuhen aus Kamelhaar hinüber ins Nachbarhaus, wo ein Freund mit der Laubsäge Adolf Hitler aus Sperrholz schnitt. Er pfiff dazu durch seine Zahnlücken: Sitz grade, sitz grade, denn der Hauptmann hält Parade ... Ein feiner Freund, der einen Bleyle-Sweater trug und am Heiligen Abend mit seiner Mama Zigaretten rauchte. Er würde alles bekommen, was er sich wünschte.

Advent. Da kam es auf Geld an, da mußte man daran denken, wie wenig wir hatten, da kam man nicht drum herum. Die Frage nach der Gerechtigkeit. Irgendwann einmal hatte eine Verteilung stattgefunden, und viele waren zu kurz gekommen. Bald gab es ein neues Wort, das Winterhilfe hieß. Größere als ich klapperten am Wochenende auf den Bürgersteigen mit ihren Sammelbüchsen, daß es bloß so schallte, und verkauften buntlackierte, streichholzgroße Figuren, die sich mittels eines Fadens am Knopfloch befestigen ließen. Alte Leute erhielten dann edle Spenden. O bitterer Winter der Armut, sagte meine Mutter zu ihrem Sohn und stemmte ihn beidarmig hoch, um ihn auf den Ofen zu setzen. Bedenk nur, Junge, wie schön warm wir's haben.

Das Argument gutgeheizter Kachelöfen. Abends holten wir aus der Kälte des Schlafzimmers die Federbetten, um sie an den Kacheln zu wärmen. Am Schlafzimmerfenster wuchsen wie im Märchen die Eisblumen fast zentimeterdick. Wenn ich lange meine lebendige Hand draufpreßte, blieb ein Abdruck zurück, der schaurig wirkte. Eine Knochenhand. Angenehm aber war es jetzt, etwas Heißes zu essen und zu schlürfen. Sauerkraut aus dem eigenen Faß mit Speck und Grieben, direkt vom Feuer. Oder was meine Mutter tapfer einen Grog nannte, obwohl das Getränk zu neuundneunzig Prozent aus kochendem Wasser bestand. In der Schule hatten wir ein richtiges Thermometer und sprachen gelehrt von Kältegraden und dem schwedischen Genie Celsius.

Zu Hause wiederholte ich, was der Lehrer gemeint hatte. „Aus so krummem Holz, als woraus der Mensch gemacht ist, kann nichts Gerades gezimmert werden." Das sollte der größte deutsche Philosoph gesagt haben. Ich blickte, das Kinn auf dem Fensterbrett, hinaus in den Advent. Jaja, der Mensch. War er zu alt, tappte er vorsichtig über den spiegelglatten Boden. Und war er wie ich, fiel ihm nichts Bedeutendes ein. Höchstens, daß er aus dem frischgefallenen Schnee Schneebälle knetete und sie einer höheren Tochter in pelzbesetztem Kostüm oder Schottenrock, mit vom Frost rot angehauchten Backen, an den Kopf warf. Zierlich war so eines Mädchens Tritt im Schnee. Aber ich ließ mich nicht ablenken. Ach, das Warten des Menschen in dieser Jahreszeit! Worauf wartete zum Beispiel meine singende Mutter, die ich jetzt Herzeleide rief wie die Mutter Parzivals? Hatten wir mehr als eine blasse Ahnung? Mein Vater, mit einigen Soldaten neben einem Mörser kniend, auf der grauen Fotografie, er konnte nichts mehr dazu sagen.

Von so etwas sprach man auch nicht bei uns, sondern von

Erfrierungen zweiten Grades, Wölfen in Polen, den Schlittenpartien über Land. In der Dunkelheit nickte meine Mutter ein, und ich öffnete leise die Klappe des Küchenofens, um mit Tränen in den Augen das lustige Feuer aus allernächster Nähe zu betrachten. Draußen spähte ich nach dem aus, was vom Feuer übriggeblieben war und säulengleich aus dem Schornstein stieg. Einige Blättchen Ruß fielen herab auf den windelweißen Schnee. Unbedingt, zum Winter gehörten die Rauchsäulen. Lange stöberte ich in den Heften von „Schule und Elternhaus", bis ich jene Bilder wiederfand, die von den Winterdingen handelten. Da stemmte sich ein hohlwangiger Mensch, den Schnappsack auf der Hüfte, mit flatterndem Schal gegen den Wind und sank tief ein. Da zogen Kinder ihre Schlitten an einem Schneemann vorbei. Ein Hund stand der Kälte wegen nur auf drei Beinen. Die Häuser hatten spitze Giebel, und über den Schneehauben der Dächer war er wieder, der Rauch. Sonderbar, diese Bilder schienen mir einleuchtender als das, was ich draußen mit eigenen Augen gesehen hatte.

Und nun schneite es unaufhörlich. Nun strahlte dennoch die Stadtbeleuchtung mit einem Schlag heller. Zu zweit stiegen wir auf die Stühle, um den Adventskranz, der sacht nadelte, herunterzunehmen. Nun lief es mir heiß und kalt über den Rücken, wenn ich an dem Schrank vorüberging, der abgeschlossen war. Nun noch einmal warten bis zum Morgengrauen und die Augen zudrücken! Doch ich konnte nicht einschlafen. In meinem Gehirn rumorte es wie auf einem Taubenboden. Ich war uralt, ich hatte schon Erinnerungen, und meine Erinnerungen wirbelten durcheinander. Der Bär von Schneeweißchen und Rosenrot war unter ihnen, der am Feuer seinen Pelz auftaute, das Mädchen mit den schwedischen Streichhölzern, meine Kuchenbleche schleppende Mutter auf dem Weg zur Bäckerei und ihre große Hand, die mich führte, der Sternenhimmel, die Trompeter hinter der Turmbrüstung, der Karpfen, den man mit dem dicken Kopf gegen die Tischkante schlug, und der Geruch des Waldes in den Zimmern. Auf ein Klingelzeichen hin konnte sich dieser Duft morgen in einen wunderbaren Schrecken verwandeln. Mein Atem ging heftig ... Ich ahnte nicht, daß ich einmal ohne Erregung daran zurückdenken würde, nach unaufdringlichen Worten suchend – wie einer, der weiß, daß er nichts Ungewöhnliches erlebt hat in solchen Tagen, in einem solchen Alter.

II

Hans Bender

Die Herberge

Rechts vom Pult, zwei und zwei hintereinander, saßen die Jungen, links die Mädchen der ersten Klasse. Ich saß in der letzten Bank neben Edwin, den ich beneidete, weil er eine Federbüchse aus Amerika hatte.

Der Ofen glühte. Die Schritte und Räder vor den Fenstern dämpfte frischgefallener Schnee. Es war vor Weihnachten. Lehrer Kuhn erzählte die Geschichte der Herbergssuche in Bethlehem. In der Bibel stand nur ein Satz darüber, aber was machte Lehrer Kuhn daraus!

Er setzte sich mit gekreuzten Beinen auf das Pult, nahm die Pfeife aus den Zähnen und begann: Ja, damals kamen Maria und Josef auch durch unser Dorf. Es war schon dunkel, als sie die Straße von Eichtersheim herzogen. Maria saß auf einem Esel, Josef ging voraus und suchte mit Stock und Laterne den Weg. Maria sagte: „Ich habe Hunger und bin sehr müde." Josef sagte: „In der ersten Gastwirtschaft werden wir übernachten."

Vor dem Gasthaus „Zum Adler" band Josef den Esel ans Treppengeländer, klopfte die Stiefel an der untersten Stufe ab und ging hinein. Babette – ihr kennt sie alle! – stand hinter der Theke und schwenkte die Gläser. Josef fragte: „Haben Sie ein Zimmer für zwei Personen? Nicht zu teuer?" Babette war an diesem Tag mit dem linken Fuß aufgestanden. Sie sagte kurz: „Wir haben eins, aber das ist schon belegt. Leider." Josef nahm den Esel am Halfter und zog ein paar Häuser weiter vor das Gasthaus „Zum Lamm". Erschrocken blieb er unter der Tür stehen, denn an den Tischen saßen vornehme Herren mit weißen Kragen und Manschetten. Das waren die Geometer, die das neue Bachbett vermessen sollten. Der Lammwirt sah Josef unter der Tür stehen und ging rasch zu ihm hin, weil er nicht wünschte, daß die Herren gestört würden.

„Nein, mein Lieber, das geht nicht. Bei mir nicht. Aber frag doch in der ‚Sonne' nach, die haben ein Extrazimmer für Handwerksburschen! Vielleicht kannst du da –." Das mit dem Extrazimmer sagte er so laut, daß es die Geometer hören konnten. Der Sonnenwirt und die Sonnenwirtin waren freundlich zu Josef. Sie sagten beide fast gleichzeitig: „Aber beim besten Willen, es geht nicht! – Das Handwerksburschenzimmer ist schon voll. Dann ist unser Ältester in Ferien da, er studiert in Freiburg Theologie, sonst hätten wir recht gern sein Zimmer zur Verfügung gestellt."

„Danke", sagte Josef. „Gute Nacht, gute Reise!" sagten der Sonnenwirt und die Sonnenwirtin.

Auch im nächsten Gasthaus, in der „Reichspost", hatten Maria und Josef kein Glück. Die Lichter waren schon gelöscht, und als Josef mit dem Knotenstock gegen das Tor schlug, fuhr der Kopf des Wirtes oben aus dem Fenster. „Was ist los? Ist das eine Manier?"

„Haben Sie ein Zimmer für meine Frau und mich? Meine Frau ist krank!" rief Josef hinauf. „Schert euch fort!" schrie der Wirt. „Ich vermiete meine Zimmer nicht an Vagabunden!" Klirrend schlug das Fenster zu.

Josef war traurig. Maria nahm den Schal über den Kopf und sagte: „Vielleicht gibt es noch ein Gasthaus im Dorf."

Lehrer Kuhn sah zu mir. Alle Jungen und Mädchen drehten die Gesichter zu mir. Sie wußten nämlich, das letzte Gasthaus, bevor das Dorf zu Ende war, war der Gasthof meiner Eltern, der „Badische Hof".

Mir schoß das Blut in die Stirne, und ich wußte nicht, wohin ich blicken sollte. „Na, Hansel", fragte der Lehrer

Kuhn, „was hättest du gemacht, wenn Josef bei euch um eine Herberge gebeten hätte?"

Ich stand auf und stotterte hervor: „Oh, Herr Lehrer … ich … ich, ich hätte sie bestimmt aufgenommen."

Die Wirkung der Erzählung war tief. Wir schworen den unfreundlichen Gastwirten, die Maria und Josef abgewiesen hatten, Rache. Die Fensterscheiben wollten wir einwerfen, dem Lammwirt, wenn er am Sonntag zum Hochamt ging, einen Knallfrosch am Rockschoß entzünden.

Zwei, drei Jahre waren seitdem vergangen. Heiligabend war zu feiern. Wir, meine Geschwister und ich, warteten in der Gaststube auf die Bescherung. Erst mußten die Gäste gehen, die lästigen, die nicht mal den Heiligen Abend zu Hause verbringen wollten. Am Stammtisch saßen sie und bestellten noch einen Wein, noch ein Bier, noch einen Schnaps.

Endlich wurde auch mein Vater ungeduldig und sagte: „Schluß! Feierabend! Geht jetzt. Wenigstens an diesem Abend wollen wir unter uns sein."

Hinter dem letzten Gast wollte mein Vater den Riegel vorschieben, als auf der Straße ein Auto anhielt. Ein Mann und eine Frau kamen die Staffel herauf.

Eigentlich wollten sie noch bis Heilbronn fahren, sagte der Mann. Aber die Straße sei spiegelglatt, und seiner Frau gehe es nicht gut. Hoffentlich habe sie kein Fieber …

„Es ist Heiligabend", sagte mein Vater. „Die Kinder warten auf die Bescherung." Vielleicht wären sie doch noch weitergefahren, aber mein Vater ließ sie eintreten und sagte: „Gut, es wird sich machen lassen. Heute sind alle Zimmer frei."

Ich, der alles mit angehört hatte, war wütend. Neue Gäste machten Arbeit. Wahrscheinlich wollten sie auch noch essen. Das Zimmer mußte geheizt werden. Und wieder waren wir nicht allein.

Ich ging weg, hinauf in den zweiten Stock, in mein Zimmer. Ich drehte innen den Schlüssel um, warf mich aufs Bett und heulte leis und laut ins Kopfkissen, und noch lauter, als meine Mutter an die Tür klopfte und sagte, ich solle aufschließen und herunterkommen zur Bescherung. Ich gab keine Antwort.

Später hörte ich die Schritte meines Vaters draußen im Flur kommen. Als er an die Tür klopfte, stand ich rasch auf. Vor meinem Vater hatte ich Angst. Er jedoch war ruhig, und seine Stimme klang sanfter als sonst. Er legte mir die Hand auf den Kopf, der noch vom Schluchzen gestoßen wurde, und fragte: „Du kennst doch die Geschichte von Bethlehem? Von Josef und Maria, als sie nach einer Herberge suchten und alle Gastwirte sie abwiesen?" O ja, ich kannte die Geschichte und schämte mich, jetzt daran erinnert zu werden.

Als ich in die Gaststube kam, saß mein Bruder Hugo am Klavier und spielte „Stille Nacht, Heilige Nacht". Die Kerzen am Baum brannten schon, und die Tannenzweige dufteten, wie immer.

Die Fremden saßen an einem der Tische vor den Fenstern. Sie legten die Messer und Gabeln neben die Teller, sahen zu uns herüber und sangen mit. Ein schöner Weihnachtsabend wurde es noch. Ich bekam einen Anker-Steinbaukasten, zum dritten und letzten Mal, den „Robinson Crusoe", einen ärmellosen Sweater und eine Pelzmütze mit Ohrenklappen. Wertvoller war jedoch die Erkenntnis, die mir gleichfalls damals geschenkt wurde, wie schwer es ist, das Gute, von dem man gehört hat, auch zu tun.

Renate Schupp

Der Engel mit dem Gipsarm

Jetzt will ich euch erzählen, wie Dang Fratzer einmal einen Weihnachtsengel spielte.

Dang Fratzer geht in die dritte Klasse zu Frau Timm. Aber er sieht anders aus als die anderen Kinder. Seine richtigen Eltern waren Vietnamesen. Dang ist in Vietnam geboren. Das ist ein ganz fernes Land auf der anderen Seite der Erde. Als Dang zur Welt kam, wütete dort gerade ein schrecklicher Krieg. Niemals möchte ich einem Kind wünschen, daß es in einem Land zur Welt kommt, in dem gerade Krieg ist. Etwas Schlimmeres kann man sich nicht denken.

Dangs Eltern und alle seine Geschwister und Verwandten wurden von Soldaten getötet. Nur er allein blieb übrig.

Zum Glück war Dang noch ganz klein und begriff nichts. Jemand brachte ihn in ein Waisenhaus. Und eines Tages fuhr er mit anderen Waisenkindern auf einem Schiff nach Deutschland und kam in ein Kinderheim hier in unserer Stadt.

Dort sahen ihn Fratzers. Sie hatten ihn gleich so lieb, daß sie ihn mit zu sich nach Hause nahmen und später adoptierten. Fratzers haben keine eigenen Kinder. So ist Dang ihr Kind geworden. Er sagt Papa und Mama zu Herrn und Frau Fratzer und ist ebensogut deutsch wie jedes andere Kind in der Straße.

Von Vietnam und vom Krieg weiß er nichts mehr. Nur nachts hat er manchmal schlimme Träume. Dann schlägt er um sich und schreit. Aber am Morgen hat er alles vergessen und ist wieder vergnügt.

Als Frau Timm nach den Herbstferien anfing, mit der Klasse ein Krippenspiel einzuüben, wollte Dang unbedingt den Verkündigungsengel spielen. Der Verkündigungsengel – das ist der, der den Hirten auf dem Feld die Geburt des Jesuskindes verkündet. Die ganze Klasse lachte, als Dang sich dafür meldete. Und Marion Holzapfel, die unter allen Umständen selber den Engel spielen wollte, rief:

„Quatsch! Ein Junge kann doch kein Engel sein!"

„Kann der doch!" antwortete Dang eigensinnig. „Schließlich heißt es der Engel!" Und am anderen Tag kam er an und verkündete:

„Mein Papa sagt, in der Bibel sind die Engel überhaupt immer nur Männer und haben Männernamen."

„Aber sie sehen nicht vietnamesisch aus!" rief Marion. „Sie haben helle blonde Haare und eine liebliche Stimme."

Das mit der Stimme sagte sie, weil Dang eine rauhe, brummelige Stimme hat. Aber am nächsten Tag meldete sich Dang wieder und erklärte:

„Mein Papa sagt, in den biblischen Geschichten steht gar nichts davon, wie Engel aussehen und was sie für Stimmen haben."

„Das stimmt", gab Frau Timm zu. „Da hat dein Papa recht."

Und um die Sache endlich zu entscheiden, machte sie zwei Loszettel – einen leeren und einen, auf dem „Engel" stand. Sie ließ Dang und Marion ziehen. Und es war Dang, der gewann. Marion zog den leeren Zettel und sollte bei den himmlischen Heerscharen mitsingen, weil sie eine liebliche Stimme hat. Sie war so enttäuscht! Dang aber war der eifrigste Verkündigungsengel, der jemals in der Kirche herumgeschwebt war. Ja, es sah wirklich fast so aus, als ob er schwebte, wenn er in dem weißen Gewand, das seine Mutter ihm genäht hatte, hinter dem Altar hervortrat und mit hochgereckten Armen die himmlische Botschaft verkündete.

Doch eines Tages kam er zur Probe und hatte den linken Arm in Gips. Stellt euch vor, er hatte heimlich vom Garagendach aus „Fliegen" geübt, weil er dachte, es wäre nützlich für einen Engel, wenn er wenigstens ein ganz klein wenig fliegen konnte. Leider war er bei der Landung so ungeschickt aufgekommen, daß er sich den Arm gebrochen hatte.

Frau Timm hörte sich die Geschichte an und schüttelte bekümmert den Kopf.

„Ich kann mir ja wirklich alle möglichen Arten von Engeln vorstellen", sagte sie, „Jungen oder Mädchen, schwarz oder weiß oder vietnamesisch. Aber einen Engel mit einem Gipsarm? Wie willst du denn nun die Arme ausbreiten, wenn du den Hirten die Botschaft verkündest?"

Marion Holzapfel kam herbeigestürzt und rief:

„Jetzt kann Dang nicht mehr der Engel sein, nicht wahr, er kann kein Engel mehr sein?"

Aber Dang schob sie zur Seite und sagte zu Frau Timm:

„Mein Papa sagte, es kommt nicht darauf an, ob ein Engel die Arme ausbreiten kann oder nicht. Es kommt auf die Botschaft an. Und die kann ich ja sagen!"

Und er riß den Mund auf und ließ die Backenmuskeln spielen, damit jeder sehen konnte, wie gut sein Mund in Ordnung war.

Frau Timm seufzte.

„Na schön", sagte sie. „Aber paß gut auf, daß dir bis zur Aufführung nicht noch ein Zahn herausfällt."

Das versprach Dang.

So geschah es, daß in diesem Jahr der Verkündigungsengel schwarze struppige Haare hatte, vietnamesisch aussah und den rechten Arm in der Schlinge trug. Die Leute, die am Heiligen Abend in die Kirche kamen und sich das Krippenspiel anschauten, wunderten sich ein wenig darüber. Manche dachten wohl, es sei noch gar nicht der richtige Verkündigungsengel. Aber dann erhob er seine Stimme und sagte:

„Fürchtet euch nicht! Siehe, ich verkündige euch große Freude, die allem Volk widerfahren wird; denn euch ist heute der Heiland geboren, welcher ist Christus, der Herr, in der Stadt Davids."

Da begriffen die Leute, daß alles seine Richtigkeit hatte.

Hans Baumann

Der Teufel an der Krippe

Stefan und Michael waren Freunde. Sie gingen in die gleiche Klasse. In ihrer Schule wurde jedes Jahr ein altes Krippenspiel aufgeführt. Es traten auf: Maria und Josef, Engel und Hirten, die drei Weisen aus dem Morgenland – und Luzifer mit seinem höllischen Anhang.

Wenn die Hirten und die Könige ihre Gaben vor der Krippe niedergelegt hatten, trat aus einem dunklen Winkel der Höllenfürst und verspottete das Kind, das in einem elenden Stall zur Welt gekommen war. So frech waren seine Reden, daß Könige und Hirten erstarrten und Maria ihre Hände über das Kind hielt. Plötzlich aber wurde Luzifer von einem Lichtstrahl getroffen. Der Erzengel Michael erschien. An der Spitze seines Speers glänzte ein Stern. Und beim Anblick dieses Sterns brach die Höllenbrut in ein fürchterliches Geheul aus.

„Weiche, du Teufel!" rief Michael, und Luzifer verschwand von der Bühne. Engel, Hirten und Könige stimmten den Schlußgesang an: „Friede den Menschen auf Erden!"

Jahr für Jahr lief so das Spiel ab, und alle waren zufrieden.

Als die Spieler für die neue Aufführung gesucht wurden, sagte der Lehrer zu Stefan: „Du wirst der Luzifer sein." Zu Michael sagte er: „Und du der Erzengel, von dem du den Namen hast; beim Spiel seid ihr also keine Freunde."

Stefan und Michael waren mit ihren Rollen einverstanden. Bei den Proben machten alle eifrig mit.

Einer der Hirten war Walter. Walter konnte Stefan nicht leiden. Die beiden waren schon öfter aneinandergeraten.

Am Tag vor dem Spiel kam es zu einem Zusammenstoß.

Die Nacht über hatte es geschneit. In der Pause fingen ein paar von den Jungen im Schulhof eine Schneeballschlacht an.

Alle machten mit, und bei jedem Treffer wurde gelacht.

Stefan hatte Walter schon mehrmals getroffen. Walter war wütend. Einer seiner Bälle schlug Stefan den Schneeball, den er eben werfen wollte, aus der Hand. Stefan bückte sich, griff nach Schnee, knetete rasch einen neuen Ball, warf und traf Walter im Gesicht.

Walter schrie auf, preßte die Hände gegen die Stirn, und als er sie wegnahm, waren sie blutig. Er stürzte sich auf Stefan, schlug mit den Fäusten auf ihn ein und schrie: „Du Teufel, du Teufel, du!"

Stefan starrte das blutige Gesicht an und wehrte sich nicht.

Der Lehrer trennte die beiden und untersuchte die Schramme.

Stefan sagte: „Ich muß einen Stein erwischt haben."

„Halb so schlimm!" meinte der Lehrer und nahm Walter mit.

Walter kam mit einem Pflaster auf der Stirn in die Klasse. Als er an Stefan vorbei zu seinem Platz ging, zischte er: „Dir werd' ich es schon noch geben, du Teufel!"

Am nächsten Tag fand vormittags die Hauptprobe statt. Alles ging wie am Schnürchen.

Als sich am Abend im kleinen Schulsaal der Vorhang hob, staunten die Zuschauer, Eltern und Kinder, wie sicher die Spieler ihre Rollen gelernt hatten. Keiner blieb stecken. Nur einer der Hirten stotterte, als er seine Gabe vor der Krippe niederlegte. Aber das machte sich gut. Jeder dachte: Dem klopft eben das Herz.

So war es. Walter, der den Hirten spielte, hatte Herzklopfen, weil etwas bevorstand, das nicht geprobt worden war. Nur die anderen drei Hirten waren eingeweiht.

Als Luzifer und seine Begleiter in der dunklen Ecke zu rumoren begannen, warfen sich die Hirten Verschwörerblicke zu.

Luzifer trat hervor und begann seine frechen Reden. Als er rief: „Auf gewöhnlichem Stroh liegst du und willst die Welt vor mir retten", da geschah es: Die Hirten stürzten sich mit ihren Stecken auf ihn.

„Du Teufel!" schrien sie. Und Walter rief laut: „Ihr Könige, gerbt dem Teufel das Fell!"

Die Könige wollten sich von den Hirten nicht übertreffen lassen, wenn es darum ging, Luzifer in die Hölle zurückzujagen. Den Teufeln brachen unter den Schlägen die Hörner weg.

Im Saal reckten sich die Köpfe. Die kleinen unter den Zuschauern klatschten begeistert, so gut gefiel es ihnen, wie Könige und Hirten es der Satansbrut gaben.

Da fiel auf die Bühne der Lichtstrahl, der Luzifer treffen sollte. Er traf ein Getümmel.

Als Michael mit dem Stern erschien, sah er Luzifer von allen Seiten bedrängt. Die kleinen Teufel hatten schon die Flucht ergriffen. Luzifer stand allein gegen eine Übermacht, die ein Hirte anführte, der eine Schramme an der Stirn trug.

Das waren nicht Könige und Hirten, die gegen die Hölle kämpften – hier ließ einer seiner Rache freien Lauf und riß andere hinterlistig mit: Das sah Michael sofort. Sein Freund war in Gefahr. Und Michael schlug drein.

Der Speer mit dem Stern an der Spitze traf zuerst den Rädelsführer, dann die anderen Hirten und schließlich sogar einen der drei Könige, der Luzifer eben von hinten angriff. Könige und Hirten stoben auseinander.

Im Saal war es atemlos still, als Michael rief: „Weiche, du Teufel!" und dabei nicht Luzifer ansah, sondern den Hirten, der sich auf Luzifer gestürzt hatte. Der Angreifer zog sich samt seinen Verbündeten zurück, so zornig fuhr Michael sie an.

Der Stern lag auf dem Boden. Luzifer hob ihn auf. Er hielt ihn dem Erzengel hin.

Michael sah den zerbrochenen Speer an und wußte nicht, was er tun sollte.

Da wandte sich Luzifer zur Krippe, kniete nieder wie vorher die Könige, und er, der Höllenfürst, legte Maria den Stern zu Füßen. Alle anderen Geschenke waren beim Kampf weggefegt worden. Nur die Gabe Luzifers lag vor der Krippe. Und weil es Hirten und Engeln und Königen die Stimme verschlagen hatte, stimmten Michael und Luzifer allein den Schlußgesang an: „Friede den Menschen auf Erden!"

Rolf Krenzer

Torsten und der Weihnachtsmann

Alle haben den Weihnachtsmann schon einmal gesehen. Oma und Opa, Tante Trude und Onkel Rainer. Und Mama und Papa natürlich auch.

Nur Torsten nicht.

„Wo wohnt der Weihnachtsmann?" fragt Torsten die Oma.

„Im Weihnachtswald!" sagt die Oma.

Und wie soll Torsten zum Weihnachtswald kommen?

„Er wohnt in Rußland!" sagt der Opa. „Aber das ist so weit, daß er nur einmal im Jahr zu uns kommen kann!"

„Und er hat so viel zu tun, daß du ihn leider nicht sehen kannst", meint Tante Trude.

„Er hat bestimmt Zeit für mich!" sagt Torsten tapfer. „Ich muß ihn nur finden!" Beim Abendessen erzählen Mama und Papa von den Leuten, die in das Haus am Ende der Straße gezogen sind. Aussiedler aus Rußland, die jetzt für immer hier wohnen werden.

Die Eltern erzählen sich oft viel, von dem Torsten nichts versteht. Und meistens hört er auch gar nicht zu. Als aber von Rußland die Rede ist, spitzt er doch die Ohren.

„Aus Rußland?" fragt er.

Papa nickt.

„Ist der Weihnachtsmann auch dabei?" fragt Torsten.

Da lachen Mama und Papa, und Mama schüttelt den Kopf. „Ganz bestimmt nicht, Torsten!" sagt sie.

Vielleicht wissen es Mama und Papa nur nicht, denkt Torsten und nimmt sich vor, doch lieber einmal genauer aufzupassen, wer alles in dem Haus wohnt. Torsten darf morgens schon ganz allein zu dem Bäckerladen an der Ecke gehen. Er braucht nicht über die Straße und kann immer auf dem Bürgersteig bleiben. Manchmal holt Torsten Brötchen oder Stückchen. Manchmal auch Milch oder Käse. In dem Bäckerladen gibt es alles, was Mutti ihm auf den Zettel schreibt. Torsten ist stolz darauf, daß er bereits so groß ist und allein einkaufen kann. Und Mutti ist stolz auf Torsten.

Als Torsten am nächsten Morgen zum Einkaufen geht, läuft er am Bäckerladen vorbei bis zu dem Haus am Ende der Straße. Aber er sieht keinen, der dort wohnt. Auch am nächsten Morgen trifft er nur Frau Schnell und die alte Oma Bröckelmann, die jeden Morgen zwei Stück Kuchen kauft.

Aber als er am dritten Morgen gerade aus dem Bäckerladen kommt, da sieht er den Weihnachtsmann ein paar Häuser weiter. Er geht langsam und gebückt und hat einen dikken Mantel an und eine altmodische Mütze auf dem Kopf. Ja, das muß der Weihnachtsmann sein! denkt Torsten, wenn er sich auch ein bißchen über die Plastiktüte wundert, mit der sich der Weihnachtsmann abschleppt. Auf den Bildern in seinem Bilderbuch hat der Weihnachtsmann immer einen Sack.

Mit den Brötchen, der Butter und der Teewurst in seinem kleinen Einkaufskorb rennt Torsten sogleich hinter dem Weihnachtsmann her. Und es stört ihn gar nicht, daß das Wechselgeld in seinem Korb dabei leise klingelt, wenn es hin und her geschleudert wird.

„Hallo, Weihnachtsmann!" ruft Torsten und versucht, den alten Mann einzuholen. Als er ganz nahe ist, hält er ihn hinten am Mantel fest.

„Hallo, Weihnachtsmann!" sagt er noch einmal, als der Mann stehenbleibt und sich nach ihm umdreht.

„Hm?" fragt der Mann und spricht etwas in einer Sprache, die Torsten nicht versteht. Und besonders freundlich sieht er auch nicht aus.

„Kommst du aus Rußland?" fragt Torsten mutig und blickt dem alten Mann ins Gesicht. Eigentlich hat er sich den Bart des Weihnachtsmannes ganz anders vorgestellt. Nicht so schwarz und zottelig, sondern lang und weiß mit vielen zarten Locken.

„Rrrrrußland!" sagt der Mann und rollt das Wort richtig aus, so wie es Torsten noch nie im Leben gehört hat. Das kann nur der Weihnachtsmann sein!

Aber was kann man dem Weihnachtsmann jetzt noch sagen? Torsten überlegt krampfhaft und ist richtig froh, daß ihm plötzlich das Lied einfällt, das er erst kürzlich dem Nikolaus vorgesungen hat.

Dem Nikolaus hat es gefallen. Und vielleicht gefällt es auch dem Weihnachtsmann.

So stellt Torsten seinen Korb an den Gartenzaun, greift mit beiden Händen nach den Händen des Weihnachtsmannes und beginnt mit zittriger Stimme zu singen:

„Laßt uns froh und munter sein und uns recht von Herzen freun!"

Zuerst blickt ihn der alte Mann verwundert an. Dann huscht ein Lächeln über sein Gesicht. Und dann nickt er dem kleinen Jungen freundlich zu und stampft mit seinen Füßen den Takt zu dem Lied.

Torsten kann nur eine Strophe des schönen Liedes. Aber er singt sie gleich zweimal, weil er so glücklich ist, daß er endlich den Weihnachtsmann gefunden hat.

Als er fertig ist, streicht ihm der alte Mann über das Haar. Und da sieht Torsten, daß er Tränen in den Augen hat. Tränen wie Oma sie in den Augen hatte, als Torsten ihr letzten Monat das Geburtstagslied zum Geburtstag vorgesungen hat.

Er hatte es mit Mutti extra für Omas Geburtstag gelernt.

„Gutt! Gutt!" sagt der Weihnachtsmann schließlich und

greift mit seiner Hand in die Plastiktasche. Er holt einen dicken Apfel heraus und schenkt ihn Torsten.

„Danke, Weihnachtsmann!" sagt Torsten und strahlt. So steht er lange da, mit dem Apfel in der Hand, und blickt dem alten Mann nach, der jetzt mit langsamen Schritten und der Plastiktüte in der Hand auf das letzte Haus in der Straße zugeht.

Dann nimmt Torsten seinen Korb und rennt so schnell er kann nach Hause. „Ich habe den Weihnachtsmann getroffen!" ruft er glücklich.

Und als Mama ihn ganz komisch anblickt und anscheinend nichts, aber auch gar nichts versteht, greift er in seinen Korb und hält ihr den Apfel hin.

„Den hat er mir geschenkt, Mama!" schreit er. „Der Weihnachtsmann!"

Der silberne Krug

Nach der Schule arbeitete ich immer im Walhalla-Drugstore. Er gehörte meinem Onkel, Mr. Ed. Marshall. Ich nenne ihn Mr. Marshall, weil alle, einschließlich seiner Frau, ihn Mr. Marshall nannten. Trotzdem war er ein netter Mensch.

Sein Drugstore war vielleicht ein bißchen altmodisch, aber er war groß und dunkel und kühl: Während der Sommermonate gab es keinen angenehmeren Ort in der ganzen Stadt. Wenn man hineinkam, stand zur Linken der Ladentisch für Tabakwaren und Zeitschriften, hinter dem Mr. Marshall gewöhnlich saß: ein untersetzter Mann mit einem viereckigen geröteten Gesicht und einem gezwirbelten, männlichen weißen Schnurrbart. Dem Ladentisch gegenüber stand die prächtige Sodabar. Sie war sehr alt und aus feinem gelblichem Marmor hergestellt, der sich ganz glatt anfühlte, aber nicht mit billiger Glasur überzogen war. Mr. Marshall hatte sie 1910 auf einer Auktion in New Orleans erstanden und war sehr stolz darauf. Wenn man auf einem der hohen, schlanken Hocker saß und über die Bar blickte, konnte man sich verschwommen, wie bei Kerzenlicht, in einer Reihe alter Mahagonispiegel betrachten. Auch die einfache Ware war in Vitrinen untergebracht, hinter Glastüren, die mit Messingschlüsseln verschlossen waren. Diese Vitrinen sahen aus, als enthielten sie kostbare Raritäten. Es lag immer ein Geruch von Sirup, Muskatnuß und anderen köstlichen Dingen in der Luft.

Im Walhalla traf sich die ganze Wachata County, bis ein

gewisser McPherson in die Stadt kam und einen zweiten Drugstore eröffnete, auch auf dem Rathausplatz, direkt gegenüber. Dieser Rufus McPherson war ein ganz gemeiner Kerl; er nahm meinem Onkel nämlich die Kundschaft fort. Er richtete sich sehr modern ein, hatte zum Beispiel elektrische Ventilatoren und farbige Glühbirnen; er trug den Vorüberfahrenden die Waren ans Auto und machte gegrillte Käse-Sandwiches auf Bestellung. Wenn auch manche Mr. Marshall treu blieben, die meisten konnten Rufus McPherson doch nicht widerstehen.

Eine geraume Zeit versuchte Mr. Marshall, ihn zu übersehen: Wenn man McPhersons Namen erwähnte, ließ er so etwas wie ein Schnauben vernehmen, zwirbelte seinen Schnurrbart und blickte fort. Aber man sah, daß er wütend war. Und er wurde immer wütender. Eines Tages dann, es war so Mitte Oktober kam ich ins Walhalla und sah ihn an der Bar sitzen, Domino spielen und mit Hamurabi Wein trinken.

Hamurabi war ein Ägypter und so etwas Ähnliches wie ein Dentist, wenn er auch nicht viel zu tun hatte, denn die Leute haben hier in der Gegend ungewöhnlich gute Zähne, die sie einem besonderen Stoff, den das Wasser enthält, zu verdanken haben. Die meiste Zeit lungerte er im Walhalla herum, und er war der beste Freund meines Onkels. Es war ein hübsches Mannsbild, dieser Hamurabi, dunkelhäutig und fast zwei Meter groß. Die Mütter unserer Stadt steckten ihre Töchter hinter Schloß und Riegel und machten ihm selber schöne Augen. Er hatte überhaupt keinen fremden Akzent, und ich war immer der Überzeugung, daß er so wenig ein Ägypter war wie der Mann im Mond.

Jedenfalls tranken sie da nun in großen Zügen roten italienischen Wein aus einem Vier-Liter-Krug. Es war ein betrüblicher Anblick, denn Mr. Marshall war weit und breit als Antialkoholiker bekannt. So war natürlich mein erster Gedanke: O Himmel, Rufus McPherson hat es also doch geschafft. Das war aber gar nicht der Fall.

„Komm her, mein Sohn", sagte Mr. Marshall, „und trink ein Glas Wein mit uns."

„Ja", sagte Hamurabi, „du mußt uns helfen, ihn leer zu machen. Er ist aus dem Laden, wir können ihn nicht verkommen lassen."

Viel später, als der Krug geleert war, nahm Mr. Marshall ihn auf und sagte: „Na, wir werden ja sehn!" Und damit verschwand er in den Nachmittag.

„Wo will er denn hin?" fragte ich.

„Tja", war alles, was Hamurabi antwortete. Es machte ihm Spaß, mich zu foppen.

Eine halbe Stunde verstrich, ehe mein Onkel wiederkam. Er ging ganz krumm und stöhnte unter der Last, die er trug. Er stellte den Krug auf die Bar, trat zurück und rieb sich lächelnd die Hände. „Nun, was haltet ihr davon?"

„Hm", schnurrte Hamurabi.

„O je ...", sagte ich.

Es war derselbe Weinkrug, bei Gott, aber er hatte sich inzwischen wunderbar verändert; denn er war jetzt bis zum Rand mit Fünf- und Zehncentstücken vollgepfropft, die matt durch das dicke Glas schimmerten.

„Hübsch, was?" sagte mein Onkel. „In der First National habe ich das machen lassen. Größere Stücke als Fünfer gingen nicht rein. Aber es ist trotzdem 'ne Menge Geld drin, das kann ich euch sagen."

„Aber was soll das, Mr. Marshall?" sagte ich. „Ich meine, was hat das für einen Sinn?"

Mr. Marshalls Lächeln ging in ein Grinsen über. „Das hier ist ein Krug voll Silber, man könnte sagen ..."

„Das Schüsselchen am Ende des Regenbogens", unterbrach Hamurabi.

„... und der Sinn, wie du es nennst, ist der, daß die Leute raten sollen, wieviel Geld da drin ist. Sagen wir zum Beispiel, du kaufst etwas für fünfundzwanzig Cents – gut, damit erwirbst du dir die Chance zu raten. Und ich werde bis zum Heiligen Abend alle Zahlen in mein Hauptbuch eintragen. An diesem Tag aber bekommt derjenige, der der richtigen Summe am nächsten gekommen ist, den ganzen Ramsch." Hamurabi nickte feierlich. „Er spielt den Weihnachtsmann – einen ganz schön gerissenen Weihnachtsmann", sagte er. „Ich geh' jetzt nach Haus und schreib' ein Buch: Der raffinierte Mord an Rufus McPherson." Um die Wahrheit zu sagen, er schrieb wirklich manchmal Geschichten und schickte sie an verschiedene Magazine. Aber sie kamen immer wieder zurück.

Es war überraschend und kam einem Wunder gleich, wie die Wachata County den Krug aufnahm. Seit den Tagen des Bahnvorstehers Tully, der armen Seele, hatte das Walhalla kein solches Geschäft mehr gemacht. Tully war damals plötzlich verrückt geworden und hatte überall verbreitet, er habe hinter dem Bahnhof Öl entdeckt, was zur Folge hatte, daß die Stadt von wilden Ölsuchern überschwemmt wurde. Sogar die größten Trunkenbolde, die nie einen Cent für etwas anderes ausgaben als für Whisky oder Weiber, hielten jetzt ihr Geld zusammen und legten es in Milchmischgetränken an. Ein paar ältliche Damen mißbilligten zwar öffentlich Mr. Marshalls Unternehmen als eine Art von Glücksspiel, aber sie machten uns weiter keine Scherereien, und einige kamen uns sogar gelegentlich besuchen und wagten mitzuraten. Die Schulkinder waren ganz besessen von der Sache, und ich wurde bei ihnen sehr beliebt, weil sie dachten, ich wüßte die richtige Antwort.

„Ich will dir sagen, warum das alles so ist", sagte Hamurabi und zündete sich eine der ägyptischen Zigaretten an, die er sich von einer New Yorker Firma mit der Post schikken ließ. „Es ist nämlich nicht das, was man zunächst annehmen könnte; mit anderen Worten, es ist nicht Habgier. Nein, es ist das Geheimnis, das einen solchen Zauber verbreitet. Man braucht sich ja bloß mal diese Fünf- und Zehncentstücke anzuschaun. Was denkt man dabei: Ah, *so* viel! Nein, nein. Man denkt: Ah, *wie* viel? Und das ist in der Tat eine tiefgründige Frage. Für jeden bekommt sie eine andere Bedeutung. Verstehst du?"

Und Rufus McPherson war vielleicht empört! Wenn man ein Geschäft hat, rechnet man um die Weihnachtszeit mit einem großen Teil seines jährlichen Verdienstes, und gerade jetzt tat er sich schwer, einen Kunden zu finden. So versuchte er, das mit dem Krug nachzumachen; aber weil er ein solcher Geizhals war, tat er nur Eincentstücke hinein. Er schrieb auch einen Brief an die Redaktion des ‚Banners', unserer Wochenzeitung, in dem er sagte, daß man Mr. Marshall „teeren und federn und aufhängen sollte, weil er kleine unschuldige Kinder in gewiegte Spieler verwandelt und sie auf den Weg zur Hölle führt"! Es läßt sich denken, wie lächerlich er sich machte. Niemand hatte für McPherson etwas anderes übrig als Spott. Und so stand er ab Mitte November etwa nur noch vor seinem Laden auf der Straße und starrte bitterböse auf das fröhliche Treiben jenseits des Platzes.

Um diese Zeit etwa tauchten Appleseed und seine Schwester zum erstenmal auf. Er war in unserer Stadt nicht bekannt. Wenigstens konnte sich niemand erinnern, ihn je zuvor gesehen zu haben. Er erzählte, daß er eineinhalb Kilometer hinter Indian-Branches auf einer Farm wohne; berichtete, daß seine Mutter nur vierundsiebzig Pfund wiege und daß er noch einen älteren Bruder habe, der auf Hochzeiten für fünfzig Cents Geige spielte. Er behauptete, daß Appleseed der einzige Name sei, den er habe, und daß er zwölf Jahre alt sei. Aber Middy, seine Schwester, sagte er, sei erst acht. Sein Haar war glatt und dunkelblond. Er hatte ein schmales, wettergebräuntes Gesicht mit unruhigen grünen Augen, die einen sehr weisen und erfahrenen Ausdruck hatten. Er war klein und schmächtig und nervös; und er hatte immer dieselben Sachen an: einen roten Pullover, blaue

Drillichhosen und ein Paar Stiefel von Männergröße, die bei jedem Schritt schlappten.

Es regnete, als er zum erstenmal ins Walhalla kam; das Haar klebte an seinem Kopf, als hätte er eine Kappe auf, und seine Stiefel waren vom braunen Lehm der Feldwege dick überkrustet. Middy zottelte hinter ihm her, während er großspurig wie ein Cowboy an die Bar trat, wo ich gerade die Gläser wusch.

„Ich hab' gehört, ihr habt da Geld in 'ne Flasche gesteckt und wollt die jetzt wegschenken", sagte er und sah mich dabei ruhig an. „Wo ihr's doch sowieso hergebt, da wär'n wir sehr dankbar, wenn ihr's uns denn geben tätet. Ich heiße Appleseed, das hier is' meine Schwester Middy."

Middy war ein ganz armselig aussehendes Kind. Sie war ein gutes Stück größer als ihr Bruder und sah auch älter aus; eine richtige Bohnenstange. Sie hatte kurzes flachsblondes Haar, das aussah wie abgehackt, und ein blasses, erbarmungswürdiges kleines Gesicht. Sie trug ein verschossenes Baumwollkleidchen, das ihr knapp bis zu den spitzen Knien reichte. Irgend etwas mit ihren Zähnen stimmte nicht, und sie suchte es zu verbergen, indem sie den Mund immer fest zusammenpreßte wie eine alte Dame.

„Tut mir leid", sagte ich, „aber da mußt du mit Mr. Marshall reden."

Und das tat er natürlich. Ich hörte, wie mein Onkel ihm erklärte, was er tun müsse, um den Krug zu gewinnen. Appleseed hörte aufmerksam zu, nickte dann und wann. Plötzlich kam er zurück, stellte sich vor den Krug, streichelte ihn ganz vorsichtig und sagte: „Is' sich nich' 'n hübsches Ding, Middy?"

Middy sagte: „Kriegen wir sie?"

„Nee. Was man da erst machen muß, du, man muß raten, wieviel Geld drin is'. Und man muß für fünfundzwanzig Cents was kaufen, um erst ma' raten zu können."

„Ooch, wir haben doch aber gar nich' fünfundzwanzig

Cents. Was meinst, wie wir fünfundzwanzig Cents kriegen sollen?"

Appleseed runzelte die Stirn und rieb sich das Kinn. „Das wird noch das einfachste sein, überlaß das man mir. Viel schwieriger ist: Wenn ich 'ne Chance hab', kann ich nich' nur raten ... ich muß *wissen.*"

Nun gut, ein paar Tage später sah man sie wieder. Appleseed ließ sich auf einem Barhocker nieder und verlangte ganz ungeniert zwei Glas Wasser, eins für sich und eins für Middy. Das war die Gelegenheit, bei der er uns die Informationen über seine Familie gab: „... dann is' noch Pappa Daddy da, das is' der Pappa von meiner Mamma, das is' n Indianer, weil er nämlich nich' gut Englisch sprechen kann. Mein Bruder, der wo Geige spielt, der is' schon dreimal im Kittchen gewesen ... wegen ihm mußten wir weg von Louisiana. Bei 'ner Messerstecherei hat er einen schlimm zugerichtet, wegen 'ner Frau, die war zehn Jahr' älter wie er. Sie hatte blonde Haare." Middy, die sich im Hintergrund herumdrückte, sagte nervös: „Du mußt nich' die ganzen privaten Sachen von unsrer Familie erzähln, Appleseed."

„Halt'n Mund, Middy", sagte er, und sie war still. „Sie is' 'n liebes Ding", fügte er hinzu, drehte sich um und tätschelte ihren Kopf, „aber sie darf sich nich' alles erlauben. Geh jetzt und schau dir die Bilder in den Zeitschriften an, Liebes, und hör auf, mit den Zähnen so zu machen. Appleseed muß jetzt 'n bißchen überlegen." Das Überlegen bestand darin, daß er unentwegt den Krug anstarrte, als wolle er ihn mit den Augen verschlingen. Das Kinn in die Hand gestützt, sah er ihn lange Zeit an, ohne ein einziges Mal seine Augenlider zu bewegen. „Eine Dame in Louisiana hat gesagt, daß ich sehn kann, was andre Leute nich' sehn können, weil ich mit 'ner Glückshaube auf die Welt gekommen bin."

„Ist doch klar, daß du nicht sehn kannst, wieviel da drin ist", sagte ich zu ihm. „Warum läßt du dir nicht einfach eine Zahl einfallen, vielleicht ist das die richtige."

„Horch", sagte er, „das is' verdammt riskant. Ich ... so kann ich das nich' machen. Ich hab' mir überlegt, ganz sicher is' die Sache nur, wenn man jeden Fünfer und jeden Zehner zählt."

„Zählen!"

„Was zählen?" fragte Hamurabi, der gerade hereingekommen war und sich an die Bar setzte.

„Der Junge da sagt, er will zählen, wieviel in dem Krug drin ist", erklärte ich.

Hamurabi sah Appleseed interessiert an. „Wie willst du das bewerkstelligen, mein Sohn?"

„Oh, eben zählen", sagte Appleseed sachlich.

Hamurabi lachte. „Dann mußt du schon Röntgenaugen haben, mein Sohn, mehr kann ich dazu nicht sagen."

„Oh, nein. Die Hauptsache is' nur, daß man mit 'ner Glückshaube auf die Welt gekommen is'. Eine Dame in Louisiana hat das zu mir gesagt. Das war 'ne Hexe; sie hatte mich gern, und als meine Mamma mich nich' zu ihr geben wollte, hat sie sie verhext, und darum wiegt meine Mamma nur noch vierundsiebzig Pfund."

„Seh-r in-te-res-sant", bemerkte Hamurabi nur und sah Appleseed ganz merkwürdig an.

Middy bummelte so durch die Gegend und griff nach einer Ausgabe der ‚Filmgeheimnisse'. Sie zeigte Appleseed ein Photo und sagte: „Is' diese Dame nich' hübsch? Sieh doch nur, Appleseed, siehst du, was die für schöne Zähne hat? Die sind nich' so durcheinander."

„Mach dir man darum keine Sorgen mehr", sagte er.

Als sie gegangen waren, bestellte Hamurabi sich eine Flasche Orangeade und trank sie langsam aus, während er eine Zigarette rauchte. „Glaubst du, bei dem Kleinen stimmt da oben alles?" fragte er plötzlich mit nachdenklicher Stimme.

In den kleinen Städten läßt sich Weihnachten am allerbesten feiern, glaube ich. Die Stimmung breitet sich in ihnen schneller aus, sie verwandeln sich und kommen unter diesem Zauber zu einem völlig neuen Leben. Schon in der ersten Dezemberwoche wurden die Haustüren mit Kränzen geschmückt, und in den Schaufenstern sah man schimmernde rote Papierglocken und glitzernden Schnee. Die Kinder wanderten in die Wälder hinaus und kamen mit duftenden Weihnachtsbäumen schwer beladen zurück. Die Frauen fingen an, ihre Stollen zu backen, sie machten die Einmachgläser mit dem Mincemeat auf und die Flaschen mit dem Brombeer- und Scuppernong-Wein. Auf dem Rathausplatz wurde ein riesengroßer Baum mit Lametta und elektrischen Kerzen geschmückt, die nach Sonnenuntergang angezündet wurden. Spät am Nachmittag konnte man den Chor der Presbyterianerkirche Weihnachtslieder für das alljährlich stattfindende Krippenspiel üben hören. In der ganzen Stadt standen die Kamelien in voller Blüte.

Der einzige Mensch, der nicht im geringsten, von dieser zu Herzen gehenden Atmosphäre berührt zu sein schien, war Appleseed. Er ging seiner Beschäftigung nach, das Kruggeld zu zählen, und er tat das mit großer und beharrlicher Sorgfalt. Jeden Tag kam er nun ins Walhalla und konzentrierte sich auf den Krug, wobei er finster vor sich hinblickte und murmelte. Anfangs waren wir alle fasziniert, aber allmählich wurde es langweilig, und niemand kümmerte sich mehr um ihn. Er kaufte nie etwas, offensichtlich war es ihm nicht gelungen, die fünfundzwanzig Cents aufzutreiben. Manchmal sprach er mit Hamurabi, der ein zärtliches Interesse an ihm nahm und ihm gelegentlich Bonbons oder für einen Cent Lakritze schenkte.

„Glauben Sie immer noch, daß er 'n bißchen spinnt?" fragte ich.

„Ich bin mir nicht ganz sicher", sagte Hamurabe. „Aber du wirst es schon erfahren. Er ißt nicht genug. Ich werd' ihn mal ins Café Regenbogen mitnehmen und ihm einen Teller Gulasch bestellen."

„Fünfundzwanzig Cents wären ihm wahrscheinlich lieber."

„Nein. Er braucht eine ordentliche Portion Gulasch. Außerdem wäre es für ihn besser, wenn er nie zum Raten käme. Ein so nervöses, so ungewöhnliches Kind, ich möchte nicht dafür verantwortlich sein, wenn er verliert. Sag doch selbst, es wär' schrecklich."

Ich will zugeben, daß Appleseed mir zu der Zeit nicht ganz richtig vorkam. Mr. Marshall hatte Mitleid mit ihm. Die Kinder versuchten ihn zu necken, gaben es aber bald auf, weil er sich einfach nicht um sie kümmerte. Den ganzen Tag sah man ihn nur an der Bar sitzen, mit gerunzelter Stirn, die Augen unentwegt auf den Krug gerichtet. Und er war so abwesend, daß man manchmal das schrecklich unheimliche Gefühl hatte, er existiere vielleicht gar nicht. Und wenn man schon beinah wirklich davon überzeugt war, wachte er auf und sagte so etwas Ähnliches wie: „Weißt, hoffentlich is' 'n Buffalo-Fünfer drin, von 1913. So'n Junge hat mir gesagt, wo man für 'nen Buffalo-Fünfer von 1913 fünfzig Dollars kriegt." Oder: „Middy soll 'ne berühmte Dame beim Film werden. Die verdienen 'ne Menge Geld, die Damen, die beim Film mitmachen. Dann essen wir aber keinen Grünkohl mehr, solang wir leben. Nur Middy sagt, sie kann nich' zum Film, wenn sie keine schönen Zähne hat."

Middy kam nicht immer mit ihrem Bruder mit. An den Tagen, an denen sie nicht dabei war, schien er nicht er selbst zu sein; er war dann scheu und ging bald wieder.

Hamurabi hielt sein Versprechen und lud ihn zu einem Gulasch ins Café ein. „Mr. Hamurabi is' nett, doch, doch", sagte Appleseed hinterher, „aber er hat so komische Ansichten: Er is' der Meinung, daß er König wär' oder so was Ähnliches, wenn er an einem Ort leben würde, der Ägypten heißt."

Und Hamurabi sagte: „Dieses Kind hat ein rührendes

Vertrauen. Es ist schön, wenn man das so sieht. Aber ich fange an, die ganze Sache zu verabscheuen." Und er zeigte zum Krug hinüber. „Eine derartige Hoffnung in einem Menschen zu erwecken, ist grausam, und es tut mir verdammt leid, daß ich anfangs mitgemacht habe."

Im Walhalla vertrieb man sich am liebsten die Zeit damit, zu überlegen, was man kaufen würde, wenn man den Krug bekäme. Unter denen, die dabei mitmachten, waren: Salomon Katz, Phoebe Johnes, Carl Kuhnhardt, Pully Simmons, Eddi Foxcroft, Marvin Finkle, Trudy Edwards und ein Neger namens Erskine Washington. Ein paar ihrer Wünsche waren: eine Reise nach Birmingham, um sich dort Dauerwellen machen zu lassen, ein gebrauchtes Klavier, ein Shetland-Pony, ein goldenes Armband, eine vollständige Ausgabe von Rover-Boys-Büchern und eine Lebensversicherung.

Einmal fragte Mr. Marshall, was Appleseed sich denn wünsche. „Das is' 'n Geheimnis", war die Antwort, und kein noch so dringendes Bitten konnte ihn dazu bringen, es zu verraten. Aber wir waren davon überzeugt, daß es ein brennender Wunsch sein mußte, was es auch immer sein mochte.

Richtig Winter wird es bei uns in der Regel erst Ende Januar, und dann ist es auch noch ziemlich mild und dauert nicht lange.

Aber in dem Jahr, von dem ich schreibe, waren wir schon in der Woche vor Weihnachten mit einem ungewöhnlichen Kälteeinbruch gesegnet. Mancher redet heute noch davon, denn es war ganz schrecklich: Die Wasserleitungen froren ein; viele Leute mußten, in ihre Decken gehüllt, den ganzen Tag im Bett bleiben, weil sie es versäumt hatten, genug Holz für den Kamin zu besorgen; der Himmel verwandelte sich in jenes seltsam trübe Grau, das er kurz vor einem Gewitter zeigt, und die Sonne war so blaß wie der abnehmende Mond. Ein scharfer Wind blies. Er fegte die alten, vertrockneten Blätter des vergangenen Herbstes auf den vereisten Boden, und der Tannenbaum auf dem Rathausplatz wurde zweimal seines ganzen Weihnachtsschmuckes beraubt. Wenn man atmete, entstanden Rauchschwaden. Unten bei der Seidenspinnerei, wo die Ärmsten der Armen wohnten, drängten sich die Familien abends in der Dunkelheit zusammen und erzählten sich Geschichten, um sich von der Kälte abzulenken. Draußen auf dem Land bedeckten die Farmer ihre empfindlichen Pflanzen mit Hanfsäkken und beteten; manche nutzten das Wetter aus, schlachteten ihre Schweine und brachten frische Wurst in die Stadt. Mr. R. C. Judkins, der Trunkenbold der Stadt, staffierte sich mit einem roten Rupfengewand aus und spielte den Weihnachtsmann in dem Geschäft, in dem es nur Sachen für fünf und zehn Cents zu kaufen gibt. Mr. R. C. Judkins war Vater einer großen Familie, und alle waren glücklich, ihn einmal so nüchtern zu erleben, daß er in der Lage war, einen Dollar zu verdienen. Auf einer der Feiern, die die Kirche jetzt veranstaltete, standen sich Mr. Marshall und Rufus McPherson plötzlich von Angesicht zu Angesicht gegenüber: Bittere Worte wurden gewechselt, aber es kam zu keiner Schlägerei.

Wie schon erwähnt, lebte Appleseed auf einer Farm, eineinhalb Kilometer hinter Indian-Branches, also annähernd fünf Kilometer von unserer Stadt entfernt; ein riesig langer und einsamer Weg. Aber trotz der Kälte kam er jeden Tag ins Walhalla und blieb bis Ladenschluß, das bedeutete, da die Tage nun kürzer waren, bis nach Einbruch der Dunkelheit. Gelegentlich konnte er den halben Weg mit dem Vorarbeiter von der Seidenspinnerei mitfahren, aber das kam nicht oft vor. Er sah müde aus und bekam tiefe Falten um den Mund. Er fror dauernd und bibberte furchtbar vor Kälte. Ich glaube nicht, daß er irgend etwas Warmes unter seinem roten Pullover und seinen blauen Drillichhosen anhatte.

Es war drei Tage vor Weihnachten, als er plötzlich aus heiterem Himmel verkündete: „Nun, ich bin fertig. Ich meine, ich weiß jetzt, wieviel in der Flasche drin is'." Er brachte das mit einer solch ernsthaften, feierlichen Sicherheit heraus, daß es schwerfiel, daran zu zweifeln.

„Jetzt hör aber mal auf, mein Sohn", sagte Hamurabi, der auch gerade da war. „Das kannst du gar nicht wissen. Es ist falsch, sich das einzubilden; du bist drauf und dran, dir nur weh zu tun."

„Sie brauchen mir keine Predigt zu halten, Mr. Hamurabi. Ich weiß schon, was ich tu'. 'ne Dame in Louisiana hat zu mir gesagt ..."

„Ja, ja, ja – aber du solltest das vergessen. Wenn ich du wäre, würde ich jetzt schön nach Hause gehn und dort auch bleiben und diesen gottverdammten Krug vergessen."

„Mein Bruder geht heute abend rüber nach Cherokee City, auf ‚ne Hochzeit, er soll dort wieder spielen, und er wird mir dann die fünfundzwanzig Cents geben", sagte Appleseed halsstarrig. „Morgen werd' ich mein Glück versuchen."

Am nächsten Tag war ich daher einigermaßen aufgeregt, als Appleseed und Middy ankamen. Er hatte wirklich seine fünfundzwanzig Cents: Zur Sicherheit waren sie in den Zipfel eines roten Taschentuches eingebunden.

Die beiden wanderten Hand in Hand an den Auslagen entlang und beratschlagten flüsternd, was sie sich kaufen sollten. Schließlich entschieden sie sich für ein fingerhutgroßes Fläschchen Gardenia-Cologne, das Middy sofort aufmachte und sich zur Hälfte aufs Haar goß. „Es riecht wie ... oh, liebe Mutter Gottes, ich hab' noch nie so was Süßes gerochen. Komm, Appleseed, Liebling, laß mich auch was auf dein Haar spritzen." Aber er ließ es nicht zu.

Mr. Marshall suchte sein Hauptbuch heraus, das alle Zahlen enthielt, während Appleseed zur Bar schlenderte; er legte beide Hände um den Krug und streichelte ihn sanft. Seine Augen leuchteten, und seine Wangen glühten vor Erregung. Ein paar Leute, die im Augenblick gerade im Drugstore waren, drängen sich näher heran. Middy stand im Hintergrund, kratzte sich seelenruhig am Bein und roch an dem Cologne. Hamurabi war nicht da.

Mr. Marshall leckte an seiner Bleistiftspitze und lächelte. „O. k., mein Sohn, was soll ich nun schreiben?"

Appleseed holte tief Luft. „Siebenundsiebzig Dollar und fünfunddreißig Cents", platzte er heraus.

Mit dem Nennen einer so ungeraden Zahl bewies er Originalität, weil im großen und ganzen nur runde Ziffern geraten worden waren. Mr. Marshall wiederholte feierlich den Betrag, während er ihn niederschrieb.

„Wann erfahr' ich, ob ich gewonnen hab'?"

„Am Heiligen Abend", sagte irgend jemand.

„Das is' morgen, wie?"

„Ja, so ist es", sagte Mr. Marshall ohne jegliche Überraschung. „Komm um vier Uhr."

Während der Nacht sank das Thermometer noch tiefer, und gegen Morgen gab es einen jener heftigen sommergleichen Regengüsse, so daß der nächste Tag heiter und frostig war. In der Stadt sah es aus wie auf einer Ansichtskarte aus dem Norden, mit weißen glitzernden Eiszapfen an den Bäumen und Eisblumen auf allen Fensterscheiben. Mr. R. C. Judkins stand in aller Frühe auf, stampfte ohne ersichtlichen Grund durch die Straßen und läutete mit seiner Tischglocke; ab und zu blieb er stehen, um einen Schluck Whisky aus einer kleinen Flasche zu nehmen, die er in seiner hinteren Tasche verborgen hielt. Da der Tag windstill war, stieg aus vielen Schornsteinen der Rauch gemächlich und geradewegs zum klaren, frostigen Himmel auf. Ein bißchen später war der Presbyterianische Chor schon in vollem Schwung; und die Kinder (sie trugen schreckenerregende Masken wie am

Abend vor Allerheiligen) jagten einander rund um den Platz und machten einen ohrenbetäubenden Lärm.

Hamurabi kam gegen Mittag, um uns beim Ausschmükken von Walhalla behilflich zu sein. Er brachte eine große Tüte mit Mandarinen mit, die wir zusammen alle aufaßen; die Schalen warfen wir in den neuen dickbauchigen Ofen (ein Geschenk Mr. Marshalls an sich selbst), der in der Mitte des Ladens stand. Dann nahm mein Onkel den Krug von der Bar, polierte ihn blank und stellte ihn auf einen Tisch, von dem aus man ihn gut sehen konnte. Danach war er für uns überhaupt keine Hilfe mehr, denn er hockte auf einem Stuhl und verbrachte die ganze Zeit damit, eine zerknitterte grüne Schleife um den Krug zu binden und sie wieder abzunehmen. So mußten Hamurabi und ich das übrige allein machen: Wir fegten den Boden, rieben die Spiegel blank, staubten die Vitrinen ab und zogen rote und grüne Bänder aus Kreppapier von einer Wand zur anderen. Als wir fertig waren, sah alles sehr hübsch und elegant aus.

Aber Hamurabi sah trübselig auf unser Werk und sagte: „Nun, ich denke, ich mach' jetzt, daß ich fortkomme."

„Du willst nicht bleiben?" fragte Mr. Marshall betroffen.

„Oh, nein, nein", sagte Hamurabi und schüttelte langsam seinen Kopf. „Ich will nicht das Gesicht dieses Kindes sehen. Heut ist Weihnachten, und ich hab' die Absicht, mich zu amüsieren. Und das kann ich nicht, nicht, wenn ich mir das aufs Gewissen lade. Teufel, ich könnt' nicht mal schlafen."

„Mach, was du willst", sagte Mr. Marshall. Er zuckte die Achseln, aber man konnte sehen, daß er sich verletzt fühlte. „So ist das Leben eben – und außerdem, wer weiß denn, ob er nicht gewinnt?"

Hamurabi seufzte schwermütig. „Was hat er geraten?"

„Siebenundsiebzig Dollar und fünfunddreißig Cents", sagte ich.

„Gebt doch zu, das ist doch hirngespinstig", sagte Hamurabi. Er ließ sich neben Mr. Marshall auf einen Stuhl fallen, schlug die Beine übereinander und zündete sich eine Zigarette an. „Wenn du Baby Ruth dahast, möcht' ich gern eins, ich hab' 'nen ganz bitteren Geschmack im Mund."

Der Nachmittag schlich dahin, und wir saßen alle drei um den Tisch herum und fühlten uns schrecklich elend. Es wurde kaum ein Wort gesprochen, und als die Kinder nun den Platz verlassen hatten, hörte man nur noch die Uhr vom Rathausturm die Stunden schlagen. Das Walhalla war geschlossen, aber ständig gingen Leute vorbei und schauten verstohlen ins Fenster. Um drei Uhr sagte Mr. Marshall mir, ich solle die Tür aufschließen.

Innerhalb von zwanzig Minuten war der Raum proppenvoll; alle hatten sie ihre Sonntagskleider an, und in der Luft lag ein süßlicher Geruch, denn die meisten der kleinen Mädchen von der Seidenspinnerei hatten sich mit Vanille einparfümiert. Sie drängten sich an den Wänden entlang, setzten sich auf die Bar, quetschten sich hinein, wo immer sie konnten; bald zog sich die Menge bis auf die Straße hinaus. Der Platz war mit Pferdegespannen und T.-Ford-Modellen umsäumt, die die Farmer mit ihren Familien in die Stadt gebracht hatten. Es gab viel Gelächter und Schreien und Spaß – ein paar empörte Damen beklagen sich über das Fluchen und rücksichtslose Schieben und Drängen der jungen Burschen, aber niemand ging fort. Am Seiteneingang hatte sich eine ganze Menge Neger zusammengefunden, und sie amüsierten sich am meisten. Jeder versuchte, das Beste aus einer guten Sache zu machen. Denn in unserer Gegend ist es für gewöhnlich sehr ruhig: Es geschieht nicht viel. Man kann mit Sicherheit sagen, daß nahezu die ganze Wachata County anwesend war, mit Ausnahme der Kranken natürlich und – Rufus McPhersons. Ich sah mich nach Appleseed um, konnte ihn aber nirgends entdecken. Mr. Marshall räusperte sich und klatschte in die Hände, um sich Ruhe zu verschaffen. Als sich der Lärm gelegt hatte und die Atmosphäre genügend gespannt war, erhob er seine Stimme wie ein Auktionator und rief: „Nun hört alle mal her, in diesem Umschlag, den ihr hier in meiner Hand seht" – und er hob ein gelbes Kuvert hoch über seinen Kopf – „hier also steht die Lösung drin, die bis zu diesem Augenblick niemand kennt, außer dem lieben Gott und der First National Bank, ha, ha. Und in dieses Buch" – er hob nun das Hauptbuch mit der anderen Hand hoch –, „hab' ich alles aufgeschrieben, was ihr geraten habt. Hat noch jemand eine Frage?" Alles war still. „Schön. Wenn wir jetzt noch jemand haben könnten, der freiwillig ..."

Nicht eine lebende Seele rührte sich von der Stelle. Es war, als ob eine entsetzliche Scheu die Menge überfallen hätte, und auch diejenigen, die sonst die größten Angeber waren, scharrten nur verlegen mit den Füßen. Da rief jemand, es war Appleseeds Stimme: „Durchlassen ... Ma'am, gehn Se bitte aus'm Weg." Als er sich nun nach vorn drängte, trotteten Middy und ein magerer, verschlafen aussehender Bursche hinter ihm her, es war offensichtlich der geigende Bruder. Appleseed hatte dasselbe an wie immer, aber sein Gesicht war sauber geschrubbt und rosig, die Stiefel waren geputzt, und das Haar hatte er mit Pomade glatt zurückgekämmt. „Kommen wir noch zur Zeit?" keuchte er.

Aber Mr. Marshall sagte: „Du willst also unser Freiwilliger sein?"

Appleseed sah ihn verwirrt an, nickte dann aber heftig.

„Hat irgend jemand etwas gegen diesen jungen Mann einzuwenden?"

Immer noch herrschte Totenstille. Mr. Marshall übergab Appleseed den Umschlag, der ihn ruhig entgegennahm. Er nagte an seiner Unterlippe und sah ihn erst noch einen Moment an, bevor er ihn aufriß.

In der ganzen Versammlung gab es keinen Laut, außer einem gelegentlichen Husten und dem gedämpften Klingeln von Mr. R. C. Judkins' Tischglocke. Hamurabi lehnte an der

Bar und starrte zur Decke; Middy stierte mit leerem Blick über die Schulter des Bruders, und als er dranging, den Umschlag aufzureißen, stieß sie einen leisen, ängstlichen Seufzer aus.

Appleseed zog einen rosa Zettel heraus, und während er ihn so vorsichtig hielt, als ob er zerbrechen könnte, murmelte er das, was darauf geschrieben stand, leise vor sich hin. Plötzlich wurde sein Gesicht ganz blaß und Tränen glänzten in seinen Augen.

„He, nu red schon, Junge", brüllte irgendwer.

Hamurabi trat vor und riß ihm beinahe den Zettel aus der Hand. Er räusperte sich und fing an zu lesen, während sich sein Gesicht ganz komisch veränderte. „Heilige Mutter Gottes ...", sagte er.

„Lauter, lauter", forderte man ärgerlich im Chor.

„Betrügerbande!" brüllte Mr. R. C. Judkins, der um diese Zeit schon wieder einen in der Krone hatte. „Ich rieche eine Ratte, und sie stinkt schon zum Himmel!" Worauf ein Wirbelsturm von Schreien und Pfiffen die Luft erfüllte.

Appleseeds Bruder fuhr herum und schüttelte seine Fäuste.

„Maul halten, Maul halten, sonst hau' ich euch eure verdammten Köpfe zusammen, daß ihr Beulen kriegt, wie'n Kürbis so groß, versteht ihr?"

„Bürger", schrie Bürgermeister Mawes, „Bürger – hört doch, heut ist Weihnachten ... so hört doch ..."

Und Mr. Marshall sprang auf einen Stuhl, klatschte in die Hände und stampfte mit den Füßen, bis wieder einigermaßen Ruhe herrschte. Es soll hier schon gleich erwähnt werden, daß Rufus McPherson dem Mr. R. C. Judkins Geld dafür gegeben hatte, damit er jenen Wirbel verursachte, wie wir später erfuhren. Jedenfalls, als der Tumult vorüber war, hatte natürlich niemand anderes den Zettel in Händen als ich ... aber man frage mich nicht, wie es dazu gekommen ist.

Ohne zu überlegen, schrie ich: „Siebenundsiebzig Dollar und fünfunddreißig Cents." Natürlich verstand ich in der Aufregung zuerst nicht, was das bedeutete; es war nur eine Zahl. Aber dann brach Appleseeds Bruder in sein Freudengeheul aus, und nun begriff ich; der Name des Gewinners wurde schnell bekannt, und das ehrfurchtsvolle Geflüster hörte sich an wie ein Gewitterregen. Aber Appleseed selbst bot einen jammervollen Anblick. Er weinte, als ob er tödlich verwundet wäre, doch als Hamurabi ihn dann auf seine Schultern hob, damit die Menge ihn bewundern konnte, trocknete er sich die Augen mit dem Ärmel seines Pullovers und fing an zu grinsen. Mr. R. C. Judkins brüllte: „Zigeuner! Lausiger Zigeuner!" Aber seine Stimme ging in einem ohrenbetäubenden Applaus unter.

Middy packte meinen Arm. „Meine Zähne", quietschte sie. „Jetzt krieg' ich meine Zähne!"

„Zähne?" fragte ich noch ganz betäubt.

„Falsche", sagte sie. „Das ist es doch, was wir uns für das Geld kaufen wollten – ein schönes weißes Gebiß."

Aber im Augenblick interessierte mich einzig und allein, wie Appleseed auf diese Zahl gekommen war. „Komm, erzähl mir", sagte ich verzweifelt, „erzähl mir, wie, in Gottes Namen, konnte Appleseed wissen, daß es gerade siebenundsiebzig Dollar und fünfunddreißig Cents waren?"

Middy sah mich verständnislos an. „Warum, ich denke, er hat es dir gesagt", antwortete sie ganz ernst: „Er hat gezählt."

„Ja, aber wie – wie?"

„Geh, weißt du nicht mal, wie man zählt?"

„Aber ist das alles?"

„Nun ja", sagte sie, und es folgte eine nachdenkliche Pause. „'n bißchen gebetet hat er auch noch." Sie machte Anstalten davonzustürzen, drehte sich aber noch einmal um und rief: „Außerdem ist er mit 'ner Glückshaube auf die Welt gekommen."

Und mehr hat nie jemand über dieses Geheimnis erfahren.

Wenn man Appleseed später fragte: „Wie hast du das gemacht?" lächelte er nur seltsam und wechselte das Thema.

Viele Jahre später zog er mit seiner Familie irgendwohin nach Florida, und man hörte nie wieder von ihm.

In unserer Stadt aber ist diese Legende immer noch lebendig; und bis zu seinem Tod im April des vergangenen Jahres wurde Mr. Marshall am Heiligen Abend immer in die Bibelstunde der Baptisten eingeladen, um die Geschichte von Appleseed zu erzählen. Hamurabi schrieb auch einmal einen Bericht darüber und schickte ihn an verschiedene Magazine. Er wurde aber nie gedruckt. Ein Redakteur schrieb zurück: „Wenn aus dem kleinen Mädchen wirklich ein Filmstar geworden ist, läßt sich vielleicht etwas mit Ihrer Geschichte anfangen." Aber das ist nie geschehen, und warum soll man lügen?

III

Gudrun Pausewang

Der Pavillon

Karli Henneberg und seine Eltern wohnten in einem kleinen Haus am Stadtrand. Hinter dem Haus lag ein Garten, gerade so groß, daß ein Apfelbaum, ein Pflaumenbaum und die Hundehütte für Karo darin Platz hatten. Karli hatte keine Geschwister, aber er kannte viele Kinder aus der Nachbarschaft, mit denen er spielte. Er kannte deshalb auch alle Gärten in der Straße.

Im vorletzten Garten rechts stand, halb versteckt zwischen Gebüsch, ein hölzernes Gartenhäuschen. Die Leute, denen es gehörte, nannten es Pavillon. Es war kein gewöhnliches Gartenhäuschen, o nein! Es war sechseckig und hatte auf fünf Seiten ein Fenster. In der sechsten Wand war die Tür. Auch das Dach war sechseckig und oben spitz wie eine umgedrehte Schultüte.

Ein kleines Mädchen wohnte in dem Haus, zu dem der Pavillon gehörte. Es hieß Elvira und spielte manchmal mit Karli. Einmal nahm ihn Elvira mit zu sich nach Hause und schob ihn ins Wohnzimmer.

„Das ist Karli", sagte sie zu ihrer Mutter.

„Na schön", sagte Elviras Mutter. „Geht hinaus in den Pavillon spielen. Ich habe hier gerade geputzt."

So erfuhr Karli auch, wie der Pavillon von innen aussah. Ringsherum an der sechseckigen Wand war ein Bankbrett befestigt, darüber hingen fünf Kissen, an jeder Wand eines, damit man es am Rücken weich hatte, wenn man sich anlehnte. Und mitten in diesem winzigen Raum stand ein sechseckiger Tisch.

Entzückt beugte sich Karli aus allen fünf Fenstern. „So ein Häuschen hätt' ich gern", seufzte er.

„Pah", sagte Elvira, „der Pavillon ist ja schon bemoost und unten faul. Was denkst du, wie alt der ist? Fünfzig Jahre. Papas Opa hat ihn gebaut. Mein Papa wundert sich immer, daß sein Opa so viel Zeit übriggehabt hat für so was. Wo der Pavillon doch zu gar nichts nütze ist."

„Ich find' ihn einfach schön", sagte Karli, „und ich könnt' herrlich drin spielen." Als Karli heimkam, sagte er zu seiner Mutter: „Ich wünsch' mir einen Pavillon zum Geburtstag."

„Einen was?" fragte die Mutter verblüfft.

Karli mußte lange erklären, bevor die Mutter begriff, worum es ging. Er malte ihr sogar Elviras Pavillon auf.

„Genauso soll er aussehen", sagte er.

„Wie stellst du dir das denn vor?" fragte die Mutter. „Einen Pavillon – was der kostet! Und überhaupt –."

Zum Geburtstag bekam er eine elektrische Autorennbahn. Aber zu Weihnachten wünschte er sich wieder einen Pavillon.

„Jetzt sei doch mal vernünftig", sagte der Vater. „Ein Gartenhäuschen in unserem kleinen Garten, und noch dazu ein so verrücktes – wie sähe das aus? Wünsch dir lieber ein Fahrrad oder einen Schlitten."

Aber Karli blieb bei dem Pavillon. Zu Weihnachten bekam er einen Schlitten mit Lenkrad. Also wünschte er sich den Pavillon zum nächsten Geburtstag.

„Schluß jetzt mit deinem Pavillon", sagte die Mutter. „Ein Pavillon gehört in einen Park. Nur Reiche können sich einen Park leisten. Wir sind nicht reich. Wir könnten uns nicht mal einen Pavillon leisten. Holz ist heutzutage kaum zu bezahlen, und dann die heutigen Stundenlöhne!"

Also bekam er ihn zum Geburtstag wieder nicht, sondern ein Fahrrad.

Aber kurz nach seinem achten Geburtstag wurde Karli

krank. Es war eine merkwürdige Krankheit, nicht nur eine Halsentzündung oder ein verdorbener Magen. Karli magerte ab, wurde immer müder und mußte im Bett bleiben. Er wunderte sich, daß seine Mutter jetzt so oft ein verweintes Gesicht hatte.

„Warum hast du denn geweint?" fragte er dann erstaunt.

„Ich hab doch nicht geweint", antwortete seine Mutter jedesmal hastig. „Ich hab nur die Augen ein bißchen entzündet."

Aber auch sein Vater war nicht so wie früher. Oft sah er Karli so merkwürdig an, und dann schimmerten seine Augen auch ganz feucht. Das kam, weil die Ärzte den Eltern gesagt hatten, daß Karli an einer schweren Blutkrankheit litt, die nicht zu heilen war. „Er wird höchstens noch bis Weihnachten leben", hatten die Ärzte gemeint. Und es war doch schon Oktober.

„Karli", sagte der Vater ein paar Tage später, „wünschst du dir was?"

„Was soll ich mir denn wünschen?" fragte Karli erstaunt. „Mein Geburtstag ist doch schon vorbei und Weihnachten kommt noch lange nicht."

„Und wenn bald Weihnachten wäre?" forschte der Vater weiter. „Was würdest du dir dann wünschen?"

„Einen Pavillon", antwortete Karli. „Das weißt du doch."

Am selben Abend sprachen Vater und Mutter Henneberg lange miteinander, und dann ging der Vater hinüber zum Nachbarn und sprach auch mit ihm.

Am nächsten Tag, einem Samstag, wurde der Vater überaus geschäftig. Er holte Bretter, Pfosten und Latten im Sägewerk, kaufte sich eine Säge und ein paar Tüten Nägel und fing darauf draußen im Garten mächtig an zu hämmern und zu sägen. Der Nachbar half ihm ein paar Stunden am Nachmittag. Karo bellte wie verrückt. Er war solchen Betrieb im Garten nicht gewöhnt.

Das Fenster von Karlis Zimmer ging zur Straße. Karli

konnte den Vater nur hören. „Was macht er denn im Garten?" fragte er erstaunt.

„Er baut eine neue Hundehütte", antwortete die Mutter. „Wenn sie fertig ist, kannst du sie dir ansehen."

Der Vater werkte auch den ganzen Sonntag draußen herum. Ab und zu ging er mit einem Zollstock die Straße entlang zum vorletzten Haus rechts und kam mit einem Zettel voller Zahlen zurück. Und in der darauffolgenden Woche arbeitete er jeden Tag nach Feierabend im Garten, bis es dunkel wurde und er nicht mehr sehen konnte, wohin er die Nägel klopfte.

Das alles war für Karli etwas ganz Neues. Früher war der Vater immer so müde aus der Fabrik heimgekommen und hatte sich gleich vor den Fernseher gesetzt. Wenn Karli mit ihm hatte spielen wollen, hatte er nur geknurrt.

Aber auch die Mutter war anders. Jetzt saß sie stundenlang neben seinem Bett, nähte an einem Kissen und erzählte Geschichten, damit es Karli nicht so langweilig hatte.

„Wofür machst du denn das Kissen?" fragte Karli.

„Für die neue Hundehütte", antwortete die Mutter. „Karo soll es weich haben."

Aber das Kissen wurde gar nicht fertig, und manchmal kam es Karli so vor, als arbeite die Mutter nicht immer am selben Kissen, sondern habe ein anderes in den Händen, obwohl es das gleiche Stoffmuster hatte. Karli seufzte. Über diese Merkwürdigkeiten nachzudenken, strengte ihn sehr an, und er war doch so müde. Von Tag zu Tag wurde er müder.

Über das ganze nächste Wochenende war der Vater auch wieder im Garten. Nur zu den Mahlzeiten kam er herein. Karo bellte nicht mehr. Er hatte sich an das Gehämmer und an den Nachbarn gewöhnt. Der half wieder bei der Arbeit. Er war Schreiner. Er zeigte Karlis Vater, wie er die Pfosten und Bretter und Latten aneinanderfügen mußte. Er nahm kein Geld dafür.

„Ich begreife euch nicht", sagte die Frau des Nachbarn zu ihrem Mann. „So viel Arbeit und Zeit hängst du da rein, und die Hennebergs lassen sich das so viel Geld kosten, wo sie sich das doch mühsam zusammenkratzen müssen. Ja, wenn der Karli weiterleben würde, dann hätte er ja was davon. Aber so –! Der ganze Aufwand lohnt sich doch nicht mehr. Sollen sie ihm doch ein Spielzeug kaufen, mit dem er im Bett spielen kann."

„Ich begreife die Hennebergs schon", meinte der Nachbar. „Sie haben mir erzählt, daß der Karli immer nur den einen Wunsch gehabt hat, und den haben sie ihm nie erfüllt. Das wollen sie jetzt nachholen, solange Karli noch da ist. Sie wollen ihm noch so viel Freude machen, wie sie nur können, egal, wieviel Zeit und Geld es kostet. Wenn ich so einen Karli hätte und ihn verlieren müßte, ich glaub, ich tät's auch für ihn, wenn das Ding auch später leer und nutzlos dastünde."

Mitte November, an einem Sonntagnachmittag, wurden Karlis Eltern sehr feierlich. „Jetzt ist die Hundehütte endlich fertig", sagte die Mutter. „Vati hat sich sehr viel Mühe damit gegeben. Ich glaube, sie wird dir gefallen."

Sie schlug eine Wolldecke um ihn, und der Vater trug ihn hinaus, denn er war schon so schwach, daß er nicht mehr allein gehen konnte. Die Mutter lief voraus und öffnete die Tür – und da stand unter dem Apfelbaum ein sechseckiger Pavillon in seiner ganzen Pracht.

Karlis Augen wurden groß.

„Der ist für dich", sagte der Vater, und die Mutter weinte heimlich hinter ihm ins Taschentuch.

„Oh", stammelte Karli. Mehr konnte er vor Freude nicht sagen.

Der Vater trug ihn in den Pavillon hinein, und da hingen an den Wänden fünf Kissen mit dem Stoffmuster, das Karli schon in Mutters Händen gesehen hatte. Er befühlte die Kissen und lehnte sich daran und roch an dem frischen Holz.

„Danke“, seufzte er selig, „danke Vati, danke Mutti.“

Sie setzten sich rund um den Tisch. Sie tranken zusammen im Pavillon Kaffee und aßen Kuchen, den die Mutter extra zur Feier des Tages gebacken hatte. Danach wurde Karli so müde, daß der Vater ihn ins Bett zurücktragen mußte. Erschöpft schlief er ein.

Noch eine ganze lange Woche trug ihn die Mutter jeden Tag eine halbe Stunde vormittags und eine halbe Stunde nachmittags in eine Wolldecke gewickelt hinaus in den Pavillon. Sie konnte ihn gut tragen. Er wog ja nicht mehr so viel wie früher. Dann saß er ganz still in dem kleinen sechseckigen Raum, lehnte sich an das Kissen und schaute durch das gegenüberliegende Fenster in den Himmel. Länger als eine halbe Stunde konnte er nicht bleiben, denn es war ja schon recht kalt draußen, und außerdem wurde er so schnell müde.

„Wenn ich wieder gesund bin“, sagte er, „werde ich jeden Tag darin spielen, und alle Kinder aus der Straße werden zu mir kommen und mit mir darin spielen.“

„Ja“, sagte seine Mutter und versteckte ihre Tränen, „jeden Tag, Woche für Woche, Jahr für Jahr.“

Aber nach dieser einen Woche wurde er so schwach, daß er im Bett bleiben mußte. Anfang Dezember starb er.

Manchmal sitzen jetzt seine Eltern im Pavillon.

„Eine ganze Woche lang hat er sich noch dran freuen können“, sagt der Vater und legt seinen Arm um die Mutter, und die Mutter wischt sich die Augen und sagt: „Er ist so glücklich gestorben.“

LENE MAYER-SKUMANZ

JEDES JAHR DASSELBE

„Es ist jeden Advent dasselbe", sagt Susi zu Fritz. „Ich zeichne für meine Eltern und für alle Onkeln und Tanten und für die beiden Omamas Weihnachtsbilder. Die Krippe mit dem Jesuskind. Die Hirten mit den Schafen. Den Engel mit den Flügeln über das ganze Zeichenblatt und mit einer Sprechblase vor dem Mund: Freut euch! Ich freu' mich auch! – Jedes Jahr dasselbe. Wenigstens meinen Eltern möcht' ich einmal was anderes schenken!"

„Du zeichnest wirklich schön", sagt Fritz neidvoll. „Aber natürlich könntest du ihnen zur Abwechslung etwas häkeln. Topflappen oder so."

„Du ahnst nicht, wie ich häkle", sagt Susi traurig. „Ich bin ein Häkelantitalent. Ich müßte dazuschreiben. Dieses Werkstück ist ein Topflappen."

„Aha", sagt Fritz. „Dann mach ihnen Nußkugeln."

„Das wär' eine Idee", sagt Susi. „Nußkugeln. Ich hab' noch nie welche gemacht. Wie macht man die?"

„Total einfach", sagt Fritz. „Hundert Gramm Staubzukker, hundert Gramm geriebene Haselnüsse, ein Eßlöffel Rum, ein kleiner Eidotter. Alles zusammen in einer Schüssel fest abkneten, kleine Kugeln formen, in Schokoladenguß tauchen, trocknen lassen, gut verstecken. Fertig!"

„Ich bin überrascht, aber wirklich", sagt Susi. „Du kannst das Rezept auswendig!"

„Ich mach' auch seit mindestens hundert Jahren für die ganze Verwandtschaft Nußkugeln als Weihnachtsgeschenk", sagt Fritz. „Ich würde meinen Eltern auch gern einmal etwas anderes schenken ..."

Susi schaut Fritz an. „Du, mir fällt da was ein!"

Fritz starrt Susi an. „Mir ist auch grad was eingefallen!"

„Würden deine Eltern Hirten mit Schafen mögen?" fragt Susi.

„Bestimmt", sagt Fritz. „Würden deine Eltern Nußkugeln mögen?"

„Und ob", sagt Susi. „Auch ich mag Nußkugeln."

Sie beschließen, daß Susi ein Hirten-Schafe-Bild mehr zeichnen wird. Fritz wird dafür eine Portion Nußkugeln mehr erzeugen.

„Abgemacht?"

„Abgemacht!"

Am vierten Adventssonntag geht Susi zu Fritz. Sie bringt ihm das Weihnachtsbild. Es ist sehr schön geworden. Ein goldgeflügelter Engel bringt den Hirten die Botschaft von der Geburt des Jesuskindes. Die Hirten lachen, sie freuen sich. Auch manche Schafe lachen.

„Echt toll", sagt Fritz. „Nur die Schafe kommen mir ein bißchen nackig vor."

„Sie sind nackig", sagt Susi. „Ich hab' sie extra so gelassen, daß du auch was zeichnen kannst. Zeichne ihnen die Locken in das Fell, schau, so –" Sie zeichnet ein paar Kringel auf einen Notizblock.

„Das könnte ich zusammenbringen", sagt Fritz. „Danke, daß du die Schafe nackig gelassen hast ..."

Er führt Susi in die Küche. „Ich bin gerade bei deiner Portion Nußkugeln. Ich muß sie nur noch tunken."

„Kann ich auch etwas bei den Nußkugeln tun?" fragt Susi.

Fritz zeigt ihr, wie man die Kugeln in die noch warme Schokoladensoße tunkt, ganz vorsichtig, mit zwei Zahnstochern, und wie man sie dann auf das Brett setzt, damit sie trocknen können. Susi plagt sich mit einer Kugel, während Fritz drei Kugeln tunkt.

„Ich weiß was anderes", brummt Fritz. „Da ist bunter Zuckerstreusel, den streu auf die Kugeln, so hast du auch was dran getan."

„Streusel streuen ist für mich so leicht wie für dich Lokken in das Schaffell zeichnen", sagt Susi vergnügt.

Am Weihnachtsabend ist Susi sehr aufgeregt. Werden sich die Eltern über die Nußkugeln freuen?

„Nicht möglich, Nußkugeln von der Susi", sagt der Vater.

„Keine Zeichnung?" fragt die Mutter überrascht. Aber Susi hat sowieso auch eine Zeichnung gemacht, das Jesuskind in der Krippe, auf jeden Fall.

„Köstlich", sagt der Vater. „Wieso denn auf einmal Nußkugeln?"

„Ich hab' sie mir hart erarbeitet", sagt Susi. „Wie findest du den bunten Streusel drauf?"

Auch Fritz ist an diesem Heiligen Abend sehr aufgeregt. Was werden seine Eltern zu dem Hirtenbild sagen? Vorsichts- und sicherheitshalber hat er noch eine extra große Portion Nußkugeln vorbereitet.

„Eine Zeichnung!" sagt die Mutter ganz erstaunt. „Von unserem Fritz!"

„Keine Kugeln?" fragt der Vater. „Ja, wieso bist du denn auf einmal unter die Zeichner gegangen? So ein schönes Bild!"

„Ich bin nicht direkt unter die Zeichner gegangen", brummt Fritz. „Aber diese Zeichnung habe ich mir ehrlich erarbeitet ..."

Die Mutter betrachtet die Zeichnung lang und aufmerksam. Sie lächelt und sagt: „Weißt du, was mir besonders gefällt? Die süßen Kringellocken im Fell der Schafe ..."

Hans-Peters schönstes Weihnachtsgeschenk

Hans-Peter hatte zu Weihnachten zwei genau gleiche Teddybären geschenkt bekommen, einen von der Großmutter und einen von Onkel Fritz.

„Du kannst ja einen umtauschen", sagte Hans-Peters Mutti.

„Nein!" gab Hans-Peter zur Antwort, „einen werde ich verschenken. Und zwar an einen Jungen, der so alt ist wie ich. An irgendeinen Jungen."

„Und wie heißt der Junge, wo wohnt er denn?"

„Wie er heißt, weiß ich nicht. Und er wohnt ... er wohnt ... er wohnt in Indien."

Der Vater lachte: „Wie soll denn der Teddybär nach Indien kommen?"

Hans-Peter dachte nach. Und weil er in Hamburg wohnte und Hamburg eine Stadt ist, die einen großen Hafen hat mit vielen Schiffen, fiel ihm etwas ein:

„Gibt es nicht Schiffe, die nach Indien fahren?"

„Die gibt es", sagt der Vater.

„Dann bitten wir einen Kapitän, der nach Indien fährt, er soll den Teddy mitnehmen."

„Das machen wir", sagt der Vater, „und pack den Teddy gut ein, denn bis Indien hat er eine weite Reise."

Hans-Peter ging mit dem Vater zum Hafen. „Liegt hier ein Schiff, das bald nach Indien fährt?" fragten sie. Ein Matrose zeigte auf einen Dampfer, und so kletterten sie den Laufsteg hoch.

„Guten Tag, Kapitän", sagte Hans-Peters Vater, als sie

den Kapitän gefunden hatten, „mein Junge möchte einem kleinen Jungen in Indien seinen Teddybär schicken. Können Sie ihn mitnehmen?"

„Den Teddy oder den Jungen?" lachte der Kapitän. Er hatte weiße Zähne im braunen Gesicht.

„Den Teddy natürlich", sagte Hans-Peters Vater, „den Jungen möchten wir gern behalten."

Der indische Kapitän sagte, er wolle den Teddy gern mitnehmen. Und dann erzählte er, daß er zu Hause in Indien selbst einen kleinen Jungen habe, und ob er den Teddy bekommen könnte.

Hans-Peter überlegte. Dann fragte er: „Ist das dein Schiff?"

„Ja, das ist mein Schiff."

„Dann bist du reich", sagte Hans-Peter, „dann kannst du deinem Jungen selbst einen Teddy kaufen. Mein Junge ist nicht reich, der hat keinen Teddy, und er kriegt auch keinen, wenn ich ihm nicht einen schicke."

„Gut", sagte der Kapitän, „es gibt genug arme Jungen in Indien." Er ließ sich Hans-Peters Namen und Adresse sagen, und dann gingen Hans-Peter und sein Vater nach Hause.

Sie dachten, der Junge in Indien würde einen Brief schreiben, daß der Teddy gut angekommen sei. Aber es kam kein Brief. Auch keine Karte. Nichts, gar nichts. Es verging viel Zeit, und Hans-Peter dachte nicht mehr an den Jungen in Indien.

Es wurde wieder Weihnachten. Ein ganzes Jahr war vergangen. Eine Stunde vor der Bescherung klingelte es. Hans-Peter ging und öffnete. Draußen stand der indische Kapitän und brachte ein kleines Paket für Hans-Peter und einen Brief. Den mußte er übersetzen, denn er war indisch geschrieben:

Lieber Hans-Peter!

Ich habe Dein Geschenk bekommen und danke Dir sehr dafür. Ich schicke Dir ein Tongefäß mit Reis. Laß ihn Dir gut schmecken. Das Gefäß hat mein Vater gemacht. Er ist Töpfer. Außerdem schicke ich Dir noch eine Kette aus bunten Federn. Diese Kette habe ich selbst gemacht. Bei uns gibt es viele Vögel mit solchen Federn.

Es grüßt Dich Dein Freund Sadhu

Hans-Peter bekam viele schöne Geschenke an diesem Weihnachtsabend. Die schönsten waren für ihn das Tontöpfchen mit dem Reis und die Vogelfederkette. Er trug die Kette den ganzen Abend und sagte jedem, der es hören wollte: „Die hat mir mein Freund Sadhu aus Indien geschickt!"

Dylan Thomas

Weihnachtserinnerungen

Ein Weihnachten war dem anderen so gleich in jenen Jahren, die nun um die Meerecke der Stadt entschwunden und außer aller Hörweite sind, bloß daß ich manchmal einen Augenblick lang vor dem Einschlafen noch das ferne Gespräch ihrer Stimmen höre, daß ich jetzt nie mehr sagen kann, ob es sechs Tage und sechs Nächte lang geschneit hat, als ich zwölf war, oder ob es zwölf Tage und zwölf Nächte lang geschneit hat, als ich sechs war.

Oder damals, als das Eis brach und der Schlittschuh laufende Schnittwarenhändler wie ein Schneemann durch eine weiße Falltüre verschwand, ob das derselbe Weihnachtstag war, an dem die Rosinenkuchen Onkel Arnold fertigmachten und wir den seeseitigen Hügel hinunterrodelten, den ganzen Nachmittag lang, auf dem besten Teetablett; und Mrs. Griffith beschwerte sich, und wir warfen einen Schneeball nach ihrer Nichte, und als ich die Hände vors Feuer hielt, da brannten sie vor Kälte und Hitze so sehr, daß ich zwanzig Minuten lang weinte; und dann aß ich Wackelpudding.

Alle Weihnachten rollen den Hügel hinunter zum wallisischsprechenden Meer, wie ein Schneeball, der immer weißer und größer und runder wird, wie ein kalter kopfüber kollernder Mond, der den Himmel hinunterbollert, der unsere Straße war; und alle Weihnachten machen halt am Ufer der eisgeränderten, fischefrierenden Wellen, und ich fahre mit den Händen tief in den Schnee und hole alles heraus, was ich finden kann: Tannenzweige, Weihnachtssingvögel, oder Pudding, Gezänk und Gesänge, und Orangen und blecherne Pfeifchen, und das Kaminfeuer in der Guten Stube, und Bums die Knallbonbons, und Heilig, Heilig, Heilig läuten die Glocken und die Glasglocken beben am Baum, und Mutter Graugans aus der Weihnachtspantomime, und der Struwwelpeter – ach, die paulinchenverbrennenden Flammen und der klappernde Scherenmann. Und Billy Bunter aus dem bunten Groschenheft und die Schwarze Schönheit, und Goldelse, und die kleine Frau: und Jungen, die drei Portionen essen, und Alice im Wunderland, und Mrs. Potters Dachse, und Federmesser und Teddybären – benannt nach einem Mr. Theodor Bär, ihrem Erfinder oder Vater, der vor kurzem in den Vereinigten Staaten starb –, Mundharmonikas, Bleisoldaten, und Milchpudding, und Tante Bessy, die auf dem ungestimmten Piano in der Guten Stube „Ein Männlein steht im Walde" und „Orangen und Lemonen" spielt, den ganzen Pfänder und Blindekuh spielenden Abend lang am Ende des unvergeßlichen Tages am Ende des nicht mehr erinnerten Jahres.

Tief taucht meine Hand in jenen watteweißen glockenklingenden Ball von Festtagen, der am Rande des lobliedersingenden Meeres ruht, und heraus kommen Mrs. Prothero und die Feuerwehrmänner.

Es war am Nachmittag des Weihnachtsabends, und ich war in Mrs. Protheros Garten und wartete mit ihrem Sohn Jim auf Katzen. Es schneite. Zu Weihnachten schneite es immer. Der Dezember ist in meinen Erinnerungen weiß wie Lappland, nur Rentiere waren keine da. Aber dafür waren Katzen da. Geduldig, mit eiskalten Fingern und eiskaltem Herzen, unsere Hände in Socken gehüllt, warteten wir, um Schneebälle nach den Katzen zu werfen. Geschmeidig und lang wie Jaguare und mit furchtbaren Schnurrbärten, spuckend und fauchend würden sie über die weißen Mauern am unteren Ende der Gärten huschen und jagen, und die luchsäugigen Jäger, Jim und ich, Trapper von der Hudson

Bay gleich hinter der Gasthausstraße, in Pelzmützen und Mokassins, würden unsere tödlichen Schneebälle gerade ins Grüne ihrer Augen schleudern. Die klugen Katzen ließen sich niemals blicken. Wir waren so still – eskimofüßige arktische Scharfschützen im alles erstickenden Schweigen des ewigen Schnees, der schon seit Mittwoch lag –, daß wir Mrs. Protheros ersten Schrei aus ihrem Schneehaus am unteren Ende des Gartens nicht einmal hörten. Oder wenn wir ihn hörten, so war er für uns nur wie der weitentfernte Kriegsruf unseres Feindes und unserer Beute, des Nachbars Polarkatze. Aber bald wurde die Stimme lauter. „Feuer!" schrie Mrs. Prothero, und sie schlug den Gong, der sonst zum Essen rief. Und wir liefen den Garten hinunter, den Arm voller Schneebälle, auf das Haus zu, und, heißa!, da kam wirklich Rauch aus dem Speisezimmer, und der Gong bummerte und Mrs. Prothero rief die Katastrophe aus, wie ein Stadtschreier in Pompeji. Das war besser als alle Katzen in ganz Wales, auch wenn sie in einer Reihe auf der Mauer gestanden hätten. Wir stürzten ins Haus, beladen mit Schneebällen, und machten an der offenen Türe des rauchefüllten Zimmers halt. Ja, etwas brannte ganz tüchtig. Vielleicht war es Mr. Prothero, der nach dem Mittagessen immer in diesem Zimmer schlief, mit einer Zeitung auf dem Gesicht. Aber nein, der stand mitten im Zimmer und sagte: „Feine Weihnachten, das!" und schlug mit einem Hausschuh auf den Rauch los.

„Ruft die Feuerwehr!" schrie Mrs. Prothero und schlug weiter den Gong.

„Die werden nicht da sein", sagte Mr. Prothero, „es ist doch Weihnachten."

Es war kein Feuer zu sehen, nur dichte Rauchwolken, und mittendrin Mr. Prothero, der mit seinem Hausschuh dem Rauch winkte, als dirigiere er ein Konzert.

„Tut doch was!" sagte er. Und wir warfen alle unsere Schneebälle in den Rauch – ich glaube aber, wir verfehlten

Mr. Prothero – und liefen hinaus aus dem Haus zur Telephonzelle.

„Rufen wir doch auch die Polizei an", sagte Jim.

„Und die Erste Hilfe."

„Und Ernie Jenkins, der mag Feuer so gern."

Aber wir riefen nur die Feuerwehr an, und bald kam auch das Feuerwehrauto, und drei große Männer mit Helmen brachten einen Schlauch ins Haus, und Mr. Prothero ging gerade noch rechtzeitig aus dem Wege, ehe sie den Wasserstrahl andrehten. Kein Mensch hätte einen Weihnachtsabend mit mehr Krach haben können, und als die Feuerwehrmänner den Wasserstrahl wieder abstellten und im nassen, rauchigen Zimmer herumstanden, da kam Jims Tante, Miß Prothero, die Treppe herunter, steckte den Kopf herein und sah sie an. Jim und ich warteten, ganz still, um zu hören, was sie zu ihnen sagen würde. Denn sie wußte immer das richtige Wort. Sie sah die drei großen Feuerwehrmänner mit ihren glitzernden Helmen an, wie sie dastanden, umgeben von Rauch und verbranntem Holz und halbgeschmolzenen Schneebällen, und dann sagte sie: „Möchten Sie vielleicht etwas zu lesen haben?"

Und nun kommt aus diesem gleißendweißen Schneeball der verflossenen Weihnachten der Strumpf hervor, der Strumpf aller Strümpfe, der am Fußende des Bettes hing, so daß der Arm einer wuschellockigen Negerpuppe oben hervorbaumelte und unten in den Zehen kleine Glocken läuteten. Da war auch eine ganze Kompanie Soldaten drin, tapfer und scharlachrot, nur daß sie niemals gut schmeckte, obwohl ich sie immer zu kosten versuchte, als ich noch ganz klein war: Bleisoldaten mit Gurt und Bärenfellmützen und Musketen, Schulter an Schulter, die nur allzubald ihre Köpfe und Beine verlieren sollten, in den Kriegen auf dem Küchentisch, wenn das Teegeschirr, die Kekse und die Rosinenkuchen weggeräumt waren, die ich immer backen half, indem ich die Rosinen entkernte und aufaß. Und da war ein Säckchen mit feuchten, vielfarbigen Geleebonbons, die wie kleine Kinder aussahen, und eine eingerollte Flagge, und eine falsche Nase, und eine Straßenbahnschaffnermütze, und eine Maschine, die Fahrscheine lochte und dabei klingelte ... Aber niemals eine richtige Schleuder; einmal, durch einen Irrtum, den niemand erklären konnte, eine kleine Axt und ein Gummibüffel, oder vielleicht war es auch ein Pferd, mit gelbem Kopf und aufs Geratewohl herumschlenkernden Beinen; und eine Zelluloidente, die, wenn man sie drückte, einen ganz unentenhaften Ton von sich gab, ein miauendes Muhen, wie es vielleicht eine ehrgeizige Katze fertiggekriegt hätte, die als Kuh gelten will; und ein Malbuch, in dem ich das Gras, die Bäume, das Meer und die Tiere in jeder Farbe malen konnte, die mir recht war; und bis zum heutigen Tag grasen die blendendhimmelblauen Schafe auf der roten Weide unter einer Schar von regenbogenschnäbeligen und erbsengrünen Vögeln.

Der Weihnachtsmorgen war immer vorüber, noch ehe man Zeit hatte, Hans Schneemann zu sagen. Und sieh da, auf einmal brannte der Pudding. Soll man nicht wieder den Gong schlagen und die Feuerwehr anrufen, und die bücherliebenden Feuerwehrmänner? Jemand fand im Kuchen das eingebackene silberne Dreipennystück mit einer Korinthe dran, und dieser Jemand war immer Onkel Arnold. Das Sprüchlein, das aus seinem Knallbonbon fiel, lautete:

Lasset uns alle jubeln, denn Weihnacht ist da,
Laßt uns spielen und singen und rufen hurra!

Und die Erwachsenen blickten dann immer zur Zimmerdecke hinauf, und Tante Bessy, die schon zweimal von einer automatischen Maus mit einem Uhrwerk erschreckt worden war, wimmerte am Büfett und trank ein wenig Holunderwein.

Und jemand stellte eine Glasschüssel voller Nüsse auf den überhäuften Tisch, und mein Onkel sagte ganz genau wie jedes Jahr: „Ich habe da eine Schuhnuß erwischt, hol mir einen Schuhlöffel, Junge, daß ich sie öffnen kann!" Und dann war das Essen vorüber.

Und ich erinnerte mich, am Nachmittag des Weihnachtstages, wenn die anderen ums Feuer saßen und einander erzählten, daß dies gar nichts sei, nein, rein gar nichts, verglichen mit den großen, schneeverwehten, bratgans- und truthahnstolzen, julscheitknisternden, tannenreisigen und unter dem Mistelzweig küssenden Weihnachtsfesten, als sie noch Kinder waren, daß ich hinausging in Schulmütze und Schal und Handschuhen, mit meinen funkelnagelneuen, knarrenden Stiefeln; in die weiße Welt hinaus, auf den seeseitigen Hügeln, um Jim und Dan und Jack zu besuchen und mit ihnen durch die schweigende Schneelandschaft unseres Städtchens zu wandern.

Wir gingen stapfenden Schrittes durch die Straßen und hinterließen gewaltige, tiefe Fußstapfen im Schnee, auf den verborgenen Gehsteigen.

„Ich wette, die Leute werden glauben, da sind Nilpferde gegangen."

„Was würdest du tun, wenn du ein Nilpferd die Krönungsstraße herunterkommen sähst?"

„Ich? Ich würde so machen, bums! Ich würde das Nilpferd übers Geländer schmeißen und den Hügel hinunterrollen. Und dann würde ich es unter dem Ohr kitzeln, bis es mit dem Schweif wedelt."

„Aber was würdest du tun, wenn du zwei Nilpferde sehen würdest?"

Eisengepanzerte brüllende Nilpferdhengste klapperten, polterten und dröhnten durch den aufspritzenden Schnee auf uns zu, als wir an Mr. Daniels Haus vorbeikamen.

„Werfen wir Mr. Daniel einen Schneeball als Brief in den Briefkasten."

„Schreiben wir etwas in den Schnee."

„Schreiben wir: ‚Mr. Daniel sieht aus wie ein Spaniel' groß über seine ganzen Rasen."

„Seht her", sagte Jack, „ich esse Schneekuchen."
„Wie schmeckts denn?"
„Wie Schneekuchen."
Oder wir gingen die weiße Küste entlang.
„Können die Fische sehen, daß es schneit?"
„Natürlich, die glauben, der Himmel fällt runter."
Die schweigenden Himmel, die aus einer einzigen Wolke bestanden, trieben hinaus aufs Meer.
„Alle Hunde sind weg."
Im Sommer jappten am Ufer Hunde von hundert vermengten Rassen und verbellten die zudringlichen Wogenkämme.
„Ich wette, für Bernhardiner wäre dieses Wetter jetzt aber gerade recht."
Und wir waren schneeblinde Reisende, verloren auf den Bergen des Nordens, und die großen Hunde mit ihren Schwartenhälsen und Kognakflaschen sprangen auf uns zu und scharrten uns aus und bellten laut:
„Branntwein! Marke Excelsior!"
Wir gingen heim, durch die verlassenen, armen Gassen, die zum Meer hinunterführten, wo nur wenige Kinder mit bloßen roten Fingern im tiefen, karrengleiszerfurchten Schnee herumscharrten und hinter uns eine Katzenmusik erhoben, mit Stimmen, die verhallten, als wir hügelan stapften und die Schreie der Hafenvögel laut wurden, und die Sirenen der Schiffe draußen in der weißen flockenwirbelnden Bucht.

Holt die großen alten Geschichten hervor, die wir am Feuer erzählten, als wir Kastanien rösteten und die kleingestellten Gaslichter rundum summten! Gespenster mit dem Kopf unter dem Arm schleppten ihre Ketten nach und sagten: „Huhhh" wie Eulen in den langen Nächten, wenn ich es nicht wagte, über die Schulter zu sehen; wilde Tiere lauerten im Verschlag unter der Treppe, wo die Gasuhr tickte. „Vor vielen Jahren einmal", sagte Jim, „waren drei Jungen, genau wie wir, die bei Nacht im Schnee ihren Weg verloren, hinter dem Bethaus auf dem Friedhof von Bethesda, und hört, was ihnen geschah ..."

Es war die schauderhafteste Geschichte, die ich je gehört habe.

Und ich erinnerte mich auch, wie wir einmal von Haus zu Haus Weihnachtslieder singen gingen, ein, zwei Nächte vor dem Heiligen Abend, als auch nicht der leiseste Schimmer von Mondschein die geheimnisvollen, weiß durchwehten Gassen erhellte. Am Ende einer langen Straße war ein Weg, der zu einem großen Haus führte, und wir stolperten in jener Nacht durch die Finsternis hinaus, jeder einzelne von uns voll Angst, jeder für alle Fälle mit einem Stein in der Hand, aber wir alle zu tapfer, um auch nur ein Wort davon zu sagen. Durch die Alleebäume des Weges blies der Wind mit Stimmen wie von alten unheimlichen Männern, die vielleicht Schwimmhäute an den Füßen hatten und in Höhlen ächzten und keuchten. Wir erreichten den schwarzen gewaltigen Klotz des Hauses.

„Was sollen wir ihnen singen?", flüsterte Dan.

„Hört, die Engel singen schon? Weihnachten kommt nur einmal im Jahr?"

„Nein", sagte Jack, „wir singen ‚Der König Wenzeslaus'. Ich zähle bis drei."

„Eins, zwei drei", und wir begannen zu singen, mit Stimmen, die hoch und weit entfernt klangen in der schneegetünchten Finsternis rund um das Haus, in dem niemand wohnte, den wir kannten. Wir standen eng nebeneinander, dicht vor der dunklen Türe.

Der gute König Wenzeslaus
sah am St.-Stephans-Feste ...

Und dann kam eine kleine trockene Stimme, wie die Stimme von jemand, der schon lange nicht gesprochen hat, und stimmte plötzlich in unseren Gesang ein: eine kleine trockene Stimme von der anderen Seite der Türe: eine kleine trockene Stimme durch das Schlüsselloch. Und als wir wieder aufhörten zu rennen, da waren wir vor unserem eigenen Haus. Die große Vorderstube war einladend und hell. Das Grammophon spielte. Wir sahen die roten und weißen Ballons am Arm der Gaslampe hängen. Onkel und Tante saßen ums Feuer. Es war mir, als könne ich unser Abendessen riechen, das in der Küche gebraten wurde. Alles war wieder gut, und Weihnachten leuchtete durch die ganze vertraute Stadt.

„Vielleicht war das ein Geist", sagte Jim.

„Vielleicht waren es Trolle", sagte Dan, der immer Bücher las.

„Gehen wir hinein, und sehen wir, ob noch Wackelpudding übrig ist", sagte Jack. Und das taten wir.

Ursula Wölfel

Die Weihnachtslüge

Rebekkas Rock ist bunt geblümt und reicht ihr bis zu den Waden. Gerade hat Großmutter wieder einen Streifen Stoff an den Rock genäht, damit er lang genug ist. Den Stoff hat Großmutter von ihrem eigenen Rock unten abgeschnitten. Denn Großmutter wird immer kleiner, so alt ist sie schon, und Rebekka wächst so schnell, seit sie acht Jahre alt geworden ist.

Einmal hat Rebekka gefragt: „Warum muß mein Rock denn so lang sein? Die Mädchen in der Schule haben ganz kurze Röcke, und die anderen Kinder aus der Straße sehen mir immer nach, und sie flüstern und zeigen mit dem Finger auf mich, sie lachen sogar."

„Nur andere Kinder tragen kurze Röcke", hat Großmutter gesagt. „Du bist doch ein Zigeunermädchen!"

Und Rebekka hat nie mehr davon geredet.

Großmutter Antonia und Rebekka wohnen in einem alten Eisenbahnwagen. Er hat keine Räder mehr, er steht auf einem Steinsockel zwischen dem Bahndamm und der Drahtfabrik. Aber nur ein einziges Abteil im Wagen gehört Großmutter Antonia und Rebekka. In den anderen Abteilen wohnt Großtante Roswitha mit ihrer großen Familie, mit ihren Töchtern Maria, Therese und Annabella, mit ihren Schwiegersöhnen Carlos, Pjotr und Joans, mit elf Enkelkindern und zwei Urenkel-Babys.

In Großmutters und Rebekkas winzigem Zimmer ist nur Platz für ein Bett, einen kleinen Herd, ein Tischchen, ein Topfgestell und einen Sessel. Großmutter findet, daß sie genug Platz haben. Hatten sie denn mehr, als sie früher im Wohnwagen unterwegs waren? Und damals lebten Rebekkas Eltern noch, und der große Bruder Tonio war auch noch bei ihnen. Einmal hat Rebekka gefragt: „Warum wohnen wir nicht in einem Haus in einer richtigen Wohnung?"

„Die anderen Leute wollen keine Zigeuner in ihren Häusern haben", hat Großmutter gesagt. Und Rebekka hat nie mehr davon geredet.

Aber jetzt wird bald Weihnachten sein, und Rebekka wünscht sich einen Hund.

„Unmöglich!" sagt Großmutter. „Wir haben keinen Platz für einen Hund."

„Ich baue ihm eine Hütte aus einer alten Kiste!" ruft Rebekka.

„Hunde brauchen Futter", sagt Großmutter. „Hunde bekommen keine Rente."

„Ich suche ihm Knochen und Abfälle aus den Mülltonnen!" ruft Rebekka.

„Der Polizist wird kommen!" sagt Großmutter. „Und dann müssen wir Hundesteuer bezahlen."

„Hundesteuer? Was ist das?" fragt Rebekka.

„Geld", sagt Großmutter. „Geld! Und Roswitha mag Hunde nicht leiden."

„Ich helfe dir beim Verkaufen!" ruft Rebekka. „Nachmittags, wenn du müde bist und wenn ich keine Schule mehr habe, gehe ich zu den Leuten an die Türen! Dann haben wir genug Geld für die Hundesteuer!"

„Und Roswitha?" fragt Großmutter.

Da weiß Rebekka nichts mehr zu sagen. Denn Großtante Roswitha ist Großmutters älteste Kusine, sie ist die älteste Frau in der Familie, und alle müssen tun, was sie will. Das ist eben so bei ihnen. Aber Rebekka wünscht sich doch so sehr einen Hund! Und wenn ihr das Christkind einen schenkt? Gegen das Christkind kann Großtante Roswitha nichts sagen. Bekommen nicht die anderen Kinder die herrlichsten Sachen zu Weihnachten? Sie erzählen doch immer in der Schule davon. Puppenhäuser und Eisenbahnen bekommen sie, Bücher, Spiele, Schlitten, Rollschuhe, Fahrräder! Natürlich, das Christkind ist arm, und die Leute müssen die schönen Sachen in den Läden kaufen, damit die Kinder sie zu Weihnachten bekommen können. Deshalb bekommt ja Rebekka auch immer nur ein großes Lebkuchenherz und irgendwas zum Anziehen zu Weihnachten. Großmutter hat kein Geld für Spielsachen.

Aber ein Hund braucht doch gar kein Geld zu kosten! Rebekka weiß das genau. Im Sommer war doch der große Bruder Tonio hier. Mit seinem schneeweißen Wohnanhänger und dem blitzenden Auto ist er gekommen, mit seiner jungen Frau und dem kleinen Jungen. Und Joko war dabei, der Hund, der dem großen Bruder Tonio eines Tages einfach nachgelaufen ist. Warum soll nicht auch ein Hund hinter Rebekka herlaufen und immer bei ihr bleiben wollen? Das Christkind soll bitte solch einen Hund schicken!

Also redet Rebekka mit Großmutter nicht mehr über den Hund. Aber sie sammelt jetzt schon Knochen aus den Mülltonnen. Die tut sie alle in einen Pappkasten, und der steht gut versteckt unter einem Steinhaufen am Bahndamm. Rebekka findet sogar eine zerrissene Hundeleine. Die flickt sie mit Draht, reibt das Leder mit Margarine blank und versteckt die Leine dann unter der Matratze.

Aber keiner von den Hunden auf der Straße will ihr nachlaufen. Ob sie bis Weihnachten warten muß? Vielleicht sitzt der Hund dann einfach vor der Wagentür! Wer kann das wissen? „Joko" will Rebekka ihn nennen, wie Bruder Tonios Hund.

Am 23. Dezember wird Rebekka sehr früh wach. Eigentlich könnte sie noch ein bißchen schlafen, sie hat doch schon Weihnachtsferien. Aber irgend etwas lärmt da hinter dem Wagen, es kratzt und scharrt. Rebekka richtet sich auf und sieht durch den Gardinenspalt. Draußen ist es noch dunkel, aber die Lampen von der Drahtfabrik leuchten herüber. Und Rebekka sieht, wie da ein Hund, ein grauer, struppiger Hund, mit Zähnen und Pfoten den Knochenkasten unter den Steinen hervorzerren will. Schnell macht sie die Augen zu. Darf sie denn ihren Hund heute schon sehen? Morgen ist doch erst Weihnachten! Aber sie muß doch wieder hinausblinzeln, nur ein bißchen. Der arme Hund hat bestimmt Hunger. Wie mager er ist! Und allein kommt er nicht an die Knochen im Kasten. Rebekka muß ihm helfen.

Im Hemd, barfuß läuft sie hinaus. Großmutter schläft doch noch?

Der Hund knurrt, er springt zurück, er sträubt das Nakkenfell und zieht die Lippen von den Zähnen. „Joko!" flüstert Rebekka. „Jokoli! Sei still, ich bin's doch!"

Sie hat ein bißchen Angst, aber sie räumt schnell die Steine weg und sucht nach dem schönsten, größten Knochen im Pappkasten. Der Hund bellt jetzt wütend. Rebekka hält ihm den Knochen hin, und langsam, Schritt für Schritt, kommt er näher. Dann, ganz plötzlich schnappt er zu, packt den Knochen, reißt ihn aus Rebekkas Hand und rennt damit weg.

„Joko! Hierher, Joko!" ruft sie. Aber er kommt nicht. Großmutter klopft ans Fenster und ruft Rebekka herein.

„Joko?" fragt sie. „Was für ein Joko? Warum hast du ‚Joko' gerufen?"

„Joko ist mein Hund!" ruft Rebekka und umarmt sie. „Das Christkind hat ihn mir geschenkt, weil ich mir so sehr einen Hund gewünscht habe! Ich darf ihn doch behalten, Großmutter?"

„So", sagt Großmutter nur. „Vom Christkind soll er sein? So, so. Geh, wasch dich, und zieh dich an. Im Hemd nach draußen laufen!" Sie stopft Papier unter das Holz im Herd, legt ein halbes Brikett obenauf und füllt den Kessel aus dem Wassereimer.

„Er ist weggelaufen. Aber er kommt wieder! Er kommt

doch bestimmt wieder, meinst du nicht auch?" fragt Rebekka.

„Natürlich kommt er wieder", murmelt Großmutter. „Er riecht sie doch, deine Stinkknochen da draußen. Hab sie schon gesehen."

Sie sitzt jetzt auf dem Bett und bindet das Kopftuch über ihren kurzen, dünnen Zopf. „Und wer bezahlt die Hundesteuer?" fragt sie.

Rebekka ist still. Morgens hat Großmutter doch oft schlechte Laune. Wenn sie erst Kaffee getrunken und eine Zigarette geraucht hat, kann man besser mit ihr reden.

Aber heute ist das anders. Gleich nach dem Frühstück nimmt Großmutter die Verkaufstasche. Sie sagt: „Ich fahre aufs Land. Koch Kartoffeln." Dann geht sie.

Rebekka räumt auf. Sie putzt den Fußboden, sie scheuert die Herdplatte, sie wäscht sogar den bunten, gekrausten Vorhang vom Topfgestell und hängt ihn draußen hinter dem Wagen auf die Leine. Wie sie sich umdreht, steht der Hund, der graue Hund auf dem Steinhaufen! Er macht leise „Wuff!" und sieht Rebekka an.

„Joko!" ruft sie. Da springt er zur Seite und guckt wieder mißtrauisch und böse. „Komm, komm!" flüstert Rebekka und streckt die Hand aus.

Er macht den Hals lang, schnüffelt an ihren Fingern, schnüffelt am Rock und wedelt ein ganz klein bißchen mit dem Schwanz. Mit der anderen Hand tastet Rebekka nach dem Knochenkasten, greift hinein und hält dem Hund einen schönen großen Schinkenknochen vor die Nase. Nicht zu nah, er soll ihr nicht noch einmal weglaufen.

Langsam geht sie rückwärts zum Wagen, und Joko folgt ihr!

„Da!" ruft Rebekka, wirft den Knochen auf den frisch geputzten Fußboden und schlägt dann schnell die Tür zu. Schon ist Joko mit dem Knochen unter den Herd gekrochen. Rebekka sieht zu, wie er gierig frißt. Sie holt das Brot aus dem Topfgestell und schneidet ihm ein Stück nach dem anderen ab. Joko frißt und frißt, und dann läßt er sich endlich auch streicheln. Aber bald schläft er ein. Rebekka hockt vor ihm und sieht in an und ist glücklich.

Plötzlich steht Großmutter an der Tür. Sofort ist Joko wach. Er bellt wütend.

„Bist du still! Das ist doch Großmutter!" ruft Rebekka.

Großmutter stellt die Tasche ab und fragt: „Hast du ihn hereingeholt?"

„Er ist mir nachgelaufen", antwortet Rebekka.

„Wer lügt, bekommt eine steife Zunge", sagt Großmutter, nimmt den Besen vom Haken und kehrt damit den Hund einfach zur Tür hinaus. Mit eingekniffenem Schwanz rennt er weg.

„Jokoli, Jokoli!" ruft Rebekka und läuft hinterher. Aber er ist nicht mehr zu sehen.

Bis zum Abend, bis es dunkel wird, sitzt Rebekka auf dem Steinhaufen und wartet. Dann klopft Großmutter ans Fenster und winkt sie herein. Sie sprechen mit keinem Wort von Joko, sie reden überhaupt nicht mehr viel.

Am nächsten Morgen sitzt Joko vor der Tür und bellt. Rebekka springt aus dem Bett, aber Großmutter hält sie am Hemd fest. „Bleib hier", sagt sie und macht strenge große Augen.

Joko heult, und jetzt hat Großtante Roswitha ihn auch gehört! Sie schimpft aus dem Fenster, Rebekka hört es.

Und Großmutter knöpft in aller Ruhe ihren Rock zu, bindet das Kopftuch und nimmt wieder den Besen. Aber kaum hat sie die Tür aufgemacht, da schlüpft Joko an ihr vorbei und verkriecht sich gleich unter dem Herd.

Draußen steht Großtante Roswitha. „Was ist das für ein Köter?" fragt sie und zeigt mit dem Stock auf Joko. „Wir wollen keine Hunde im Wagen haben! Hast du das vergessen, Antonia?"

Und Großmutter antwortet: „Das ist Rebekkas Hund! Du brauchst dich gar nicht darum zu kümmern!"

Sie wirft die Tür zu, und Rebekka lacht und tanzt vor Freude zwischen Herd und Tisch.

„Laß das!" sagt Großmutter. „Zieh dich an!" Sie bückt sich zum Herd und stochert in der Glut und streichelt zwischendurch ganz schnell einmal Jokos struppigen Kopf. Rebekka sieht es.

„Darf ich ihn behalten?" fragt sie. „Großmutter, darf ich ihn wirklich behalten? Ach, ich freu mich so!"

Großmutter antwortet ihr nicht. Sie stellt Brot und Marmelade auf den Tisch und setzt sich dann auf die Bettkante, sieht aus dem Fenster und raucht. Rebekka zieht sich schnell an, und zwischendurch fragt sie immer wieder: „Darf ich, Großmutter? Sag doch etwas? Darf ich Joko behalten? Heute ist doch Weihnachten!"

Aber Großmutter schweigt und raucht.

Dann sitzen sie am Tisch, Rebekka auf dem Bett und Großmutter im Sessel. Wieder fragt Rebekka: „Großmutter?"

Und Großmutter rührt nur in ihrer Kaffeetasse und schweigt und raucht. Sie ißt nichts. Sie schneidet aber eine dicke Scheibe vom Brot und wirft sie Joko zu. Rebekka lacht – aber da sieht sie, daß Großmutter weint. Kleine Tränen laufen über ihr faltiges Gesicht, ihre Lippen zucken wie bei einem kleinen Kind.

„Großmutter!" ruft Rebekka erschrocken. Sie springt auf, zwängt sich so hastig am Tisch vorbei, daß der Kaffee überschwappt, und umarmt die alte Frau. Großmutter schiebt sie weg und steht auf.

„Nein!" sagt sie laut. Sie packt Joko am Nackenfell und setzt ihn vor die Tür. Dann nimmt sie den Eimer und gießt einen Schwall Wasser hinter ihm her. Joko jault erschrokken auf und rennt mit großen Sprüngen weg.

„Jetzt kommt er nicht mehr wieder!" sagt Großmutter. Und immer noch laufen Tränen über ihr Gesicht.

Rebekka steht hinter ihr. Beide Fäuste steckt sie in den

Mund, sie beißt auf ihre Finger, weil sie sonst schreien müßte vor Zorn und Traurigkeit.

Danach geht Großmutter weg, wie alle Tage. „Ich komme mittags wieder", sagt sie und streichelt Rebekkas Rücken. Aber Rebekka schüttelt Großmutters Hand ab. Großmutter geht weg. Und nun weint Rebekka, sie steht am Fenster und weint und weint. Dann trocknet sie sich das Gesicht mit dem Federbettzipfel ab, holt die Hundeleine unter der Matratze hervor und läuft hinaus. Sie sucht Joko im Gebüsch am Bahndamm, sie sucht ihn auf dem Schuttabladeplatz hinter der Drahtfabrik, sie läuft durch die Straßen, weit in die Stadt hinein. Sie sucht Joko in den Toreinfahrten, den Höfen, den dunklen Bahnunterführungen. Sie rennt im Stadtpark hinter einem grauen Hund her und ruft: „Joko! Jokoli!" Aber es ist ein fremder Hund, einer mit einem feinen roten Halsband. Rebekka drängelt sich durch die Menschenmenge auf dem Weihnachtsmarkt, hinter alle Buden, und unter alle Marktwagen sieht sie, und sie kümmert sich gar nicht um all die schönen Sachen, die da ausgestellt sind. Sie läuft durch die Geschäftsstraßen und merkt gar nicht, daß so viele Leute sich nach ihr umdrehen, wie sie da mit dem langen Rock und wirren Haaren vorüberrennt. Sie sucht Joko.

Sie findet ihn nicht.

Es wird immer stiller in den Straßen, die Läden schließen, der Weihnachtsmarkt wird abgebaut, die Christbaumverkäufer fahren mit leeren Lastwagen nach Hause. Rebekka sucht Joko und findet ihn nicht.

Es wird dämmerig, und hinter vielen Fenstern leuchten schon die Kerzen an den Weihnachtsbäumen, Rebekka findet Joko nicht. Sie ist müde und hungrig, und endlich geht sie zum Eisenbahnwagen am Bahndamm zurück. Immer noch hält sie die Hundeleine in der Hand.

Jetzt ist es fast ganz dunkel. Großmutter steht an der offenen Wagentür.

„Mein Vögelchen, schwarzes Vögelchen!" sagt sie nur und gibt Rebekka einen Kuß.

Im Wagen duftet es nach Fleisch und Gemüse und Herdrauch. Auf dem Tisch brennt eine Kerze, daneben liegen Tannenzweige und ein großes Lebkuchenherz und neue rote Strumpfhosen. Dann steht da noch ein seltsames braunes Ding: Ein Dackelhund aus Blech, nicht größer als Rebekkas Hand.

„Ach!" sagt Rebekka.

Und dann redet Großmutter, hastig und laut redet sie: „Weil du doch so gern einen Hund haben wolltest und weil wir doch so arm sind und Roswitha – du weißt ja. Ich bin in der Stadt im richtigen Spielwarengeschäft gewesen. Ach, ich wollte dich doch nicht traurig machen, und ich meine, warum sollst du nicht auch einmal etwas zum Spielen bekommen, bist doch noch ein Kindchen, ein kleines, und immer so brav! Man kann ihn aufziehen, den Hund, er läuft über den Tisch; zum Lachen ist das, du wirst dich freuen, bestimmt wirst du dich freuen, gib acht!"

Sie nimmt einen Blechschlüssel aus der Rocktasche und zieht den Hund auf. Er schnurrt und wackelt bis zur Tischkante, wendet um und wackelt zurück, und immer so weiter, hin und her, bis die Feder abgelaufen ist. Die ganze Zeit steht Rebekka da an der Tür, sie rührt sich nicht, sie sieht den Blechhund an, und hinter dem Rücken preßt sie die Finger immer fester um Jokos Leine.

„Freust du dich gar nicht?" fragt Großmutter. „Soll ich ihn noch einmal aufziehen, oder willst du es selber tun?" Ihre Stimme zittert. Vielleicht weint sie wieder? Rebekka kann Großmutter jetzt nicht ansehen. Aber sie holt tief Luft, und dann ruft sie:

„Wie schön, Großmutter, wie schön ist der Hund! Und so lustig! Ich freue mich so sehr! Vielen, vielen Dank! Und die roten Strumpfhosen sind auch so schön! Und nachher teilen wir uns das Lebkuchenherz, ja? Aber der Hund ist doch das schönste!"

Auch Rebekkas Stimme zittert. Denn sie lügt.

Großmutter fragt schnell: „Wollen wir essen? Bestimmt hast du Hunger, mein Hühnchen, mein schwarzes, meine kleine Amsel! Gebratenes Fleisch habe ich für dich!"

Und während Großmutter den Tisch deckt, stopft Rebekka die Hundeleine tief unten in den Kohlenkasten.

Später, vor dem Einschlafen, im Dunkeln, sagt Großmutter zu Rebekka: „Du wirst keine steife Zunge bekommen. Du bist ein gutes Kind. Gottes junger Sohn weiß es."

IV

Wolfdietrich Schnurre

Die Leihgabe

Immer, wenn es auf Weihnachten zugeht wie jetzt, muß ich an Vater denken. Das heißt, sonst natürlich auch, aber jetzt besonders stark. Ich nehme an, das liegt daran, daß man ganz zuinnerst wohl nie aufhören wird, der kleine Junge von damals zu sein, der frierend vor den Schaufenstern stand, sich die rotgefrorene Nase rieb und seufzend die Kasperles und Eisenbahnen anstarrte, bis Vater einem klarzumachen verstand, Eisenbahnen und solcher Kram, gut und schön, aber worauf es jetzt ankäme, das wäre, nicht traurig zu sein, auch dann nicht – und das war der Fall –, wenn kein Geld da wäre.

„Andere Leute", sagte Vater, „sind bloß an den beiden Feiertagen fröhlich und vielleicht nachher zu Neujahr nochmal. Das genügt aber nicht, man muß mindestens schon einen Monat vorher mit der Fröhlichkeit anfangen." „Zu Neujahr", sagte Vater, „da kannst du getrost wieder traurig sein, denn es ist nie schön, wenn ein Jahr einfach so weggeht; nur jetzt, so vor Weihnachten, da ist es unangebracht, wenn man traurig ist." Vater selbst gab sich auch immer große Mühe, nicht traurig zu sein um diese Zeit. Irgend etwas Nettes fiel ihm immer ein. Entschieden das Netteste aber fiel ihm am 23. Dezember 1927 ein.

Es kam ganz plötzlich. Wir hatten eben Frieda vom „Krug" abgeholt, sie nach Hause gebracht und uns hingelegt, da klappte Vater den Band Brehms Tierleben zu, in dem er abends immer noch las, und fragte zu mir rüber: „Schläfst du schon?" – „Nein", sagte ich, denn es war zu kalt zum Schlafen. – „Mir fällt eben ein", sagte Vater, „wir brauchen ja einen Weihnachtsbaum." Er machte eine Pause und wartete meine Antwort ab.

„Findest du?" sagte ich. – „Ja", sagte Vater, „und zwar so einen richtigen, schönen, nicht so einen murkigen, der schon umkippt, wenn man bloß mal 'ne Walnuß dranhängt." Bei dem Wort Walnuß richtete ich mich auf. „Ob man nicht vielleicht auch ein paar Lebkuchen kriegen könnte zum Dranhängen?"

Vater hob die Petroleumlampe an und sah sich im Zimmer um. Ich wußte, er überlegte, ob sich vielleicht noch was ins Leihhaus bringen ließe; es war aber schon alles drin, sogar das Grammophon. Vater stellte die Lampe wieder zurück. „Schlaf man erst; ich werde mir den Fall durch den Kopf gehen lassen."

In der nächsten Zeit standen wir bloß immer an den Weihnachtsbaumverkaufsständen umher. Baum auf Baum bekam Beine und lief weg, und wir hatten noch immer keinen. „Ob man nicht doch –?" fragte ich am fünften Tag, als wir gerade wieder im Senckenbergmuseum unterm Ichtyosauriergerippe an der Heizung lehnten. „Ob man was?" fragte Vater. – „Ich meine, ob man nicht doch versuchen sollte, einen gewöhnlichen Baum geschenkt zu kriegen?" – „Bist du verrückt?" Vater war empört. „Vielleicht son'n Kohlstrunk, bei dem man nachher nicht weiß, soll's 'n Handfeger oder 'ne Zahnbürste sein? Kommt nicht in Frage." Aber es half nichts. Weihnachten kam näher und näher.

Anfangs waren die Christbaumwälder in den Straßen noch aufgefüllt worden; aber allmählich lichteten sie sich; und eines Nachmittags waren wir Zeuge, wie der fetteste Christbaumverkäufer von Frankfurt, der Frikadellen-Schorsch, sein letztes Bäumchen, ein wahres Streichholz von einem Baum, für drei Mark fünfzig verkaufte, aufs Geld spuckte und sich aufs Rad schwang.

Nun fingen wir doch an, traurig zu werden; nicht schlimm, aber immerhin, es genügte, daß Frieda die Brauen noch mehr zusammenzog, als sie sie sonst schon zusammengezogen hatte, und daß sie uns fragte, was denn los wäre. Wir hatten uns zwar daran gewöhnt, unsern Kummer für uns zu behalten, doch diesmal machten wir eine Ausnahme, und Vater erzählte ihr alles. Frieda hörte aufmerksam zu.

„Das ist alles?" Wir nickten.

„Ihr seid aber komisch", sagte Frieda, „warum geht ihr denn nicht einfach in den Wald und klaut einen?" – Ich habe Vater schon oft empört gesehen, aber so empört noch nie. Er war kreidebleich geworden. „Ist das dein Ernst?" fragte er heiser.

Frieda war sehr erstaunt. „Natürlich", sagte sie, „das machen doch alle." – „Alle" echote Vater dumpf, „alle!" Er erhob sich steif und nahm mich bei der Hand. „Du gestattest wohl", sagte er darauf zu Frieda, „daß ich erst den Jungen nach Hause bringe, ehe ich dir hierauf die gebührende Antwort erteile."

Er hat sie ihr niemals erteilt; Frieda war vernünftig, sie tat so, als ginge sie auf Vaters Zimperlichkeit ein, und am nächsten Tag entschuldigte sie sich. Doch was nützte das alles, einen Baum, gar einen Staatsbaum, wie ihn Vater sich vorstellte, hatten wir deshalb noch lange nicht. Aber dann – es war, wie gesagt, der 23. Dezember, und wir hatten eben wieder unsern Stammplatz unterm Ichthyosauriergerippe bezogen – hatte Vater die große Erleuchtung.

„Haben Sie einen Spaten?" fragte er den Museumsdiener, der neben uns auf seinem Klappstuhl eingenickt war. – „Was?" fragte der und fuhr auf, „was habe ich?" – „Einen Spaten, Mann", sagte Vater ungeduldig, „ob Sie einen Spaten haben?" – Ja, den habe er schon. Ich sah an Vater empor. Er sah jedoch leidlich normal aus, nur sein Blick schien mir eine Spur unsteter zu sein als sonst. „Gut", sagte er jetzt, „wir kommen heute zu Ihnen nach Hause."

Was er vorhatte, erfuhr ich erst in der Nacht. „Los", sagte Vater und schüttelte mich, „steh auf". Ich kroch schlaftrunken über das Bettgitter. „Was ist denn bloß los?" – „Paß auf", sagte Vater und blieb vor mir stehen: „Einen Baum stehlen, das ist gemein, aber sich einen borgen, das geht." – „Borgen?" fragte ich blinzelnd. – „Ja", sagte Vater, „wir gehen jetzt in den Park und graben eine Blautanne aus. Zu Hause stellen wir sie in eine Wanne mit Wasser, feiern morgen dann Weihnachten mit ihr, und nachher pflanzen wir sie wieder am selben Platz ein."

Summend und pfeifend zogen wir los. Vater den Spaten auf dem Rücken, ich einen Sack unter dem Arm. Hin und wieder hörte Vater auf zu pfeifen, und wir sangen zweistimmig: „Morgen, Kinder, wird's was geben" und „Vom Himmel hoch, da komm ich her". Wie immer bei solchen Liedern hatte Vater Tränen in den Augen, und auch mir war schon ganz feierlich. Die Blautanne, auf die Vater es abgesehen hatte, stand inmitten eines mit Stroh abgedeckten Rosenrondells. Sie war gut zwei Meter hoch und ein Muster an ebenmäßigem Wuchs. Da der Boden nur dicht unter der Oberfläche gefroren war, dauerte es gar nicht lange, und Vater hatte die Wurzeln freigelegt. Behutsam kippten wir den Baum darauf um und schoben ihn mit den Wurzeln in den Sack. Vater hing seine Jacke über das Ende, das raussah, schippte das Loch zu, streute Stroh darüber, lud sich Spaten und Baum auf die Schulter, und wir gingen nach Hause. Hier füllten wir die große Zinkwanne mit Wasser und stellten den Baum rein.

Als ich am nächsten Morgen aufwachte, waren Vater und Frieda schon dabei, ihn zu schmücken. Er war jetzt mit Hilfe einer Schnur an der Decke befestigt, und Frieda hatte aus Stanniolpapier allerlei Sterne geschnitten, die sie an seinen Zweigen befestigte, sie sahen sehr hübsch aus. Auch drei Lebkuchenmännchen sah ich hängen. Ich wollte Vater und Frieda ihren Spaß nicht verderben, daher tat ich so, als schliefe ich noch. Dabei überlegte ich, wie ich mich für Vaters und Friedas Nettigkeit revanchieren könnte.

Schließlich fiel es mir ein: Vater hatte sich einen Weihnachtsbaum geborgt, warum sollte ich es nicht fertigkriegen, mir über die Feiertage unser verpfändetes Grammophon auszuleihen?

Der Pfandleiher war scheußlich; schon als wir zum erstenmal bei ihm waren und Vater ihm seinen Ulster gegeben hatte, hätte ich den Kerl umbringen können. Aber jetzt mußte man freundlich zu ihm sein. Ich gab mir auch große Mühe und erzählte ihm was von zwei Großmüttern, von „letzter Freude auf alte Tage" und so, und plötzlich holte er aus und haute mir eine herunter und sagte ganz ruhig: „Wie oft du sonst schwindelst, ist mir egal. Zu Weihnachten aber wird nur die Wahrheit gesagt, verstanden?"

Darauf schlurfte er in den Nebenraum und brachte das Grammophon mit. „Aber wehe, ihr macht was an ihm kaputt! Und auch bloß, weil du's bist."

Ich machte einen Diener, daß ich mir fast die Stirn an der Kniescheibe stieß, nahm den Kasten unter den einen, den Trichter unter den andern Arm und rannte los. Zu Hause versteckte ich das Ding in der Waschküche. Frieda allerdings mußte ich einweihen, denn sie hatte die Platten, aber Frieda hielt dicht.

Zum Mittag hatte uns Friedas Chef vom „Krug" eingeladen. Es gab eine tadellose Nudelsuppe, anschließend Kartoffelpüree mit Gänseklein. Wir aßen, bis wir uns kaum noch erkannten; darauf gingen wir, um Kohlen zu sparen, noch ein bißchen ins Senckenbergmuseum zum Ichthyosauriergerippe, und am Nachmittag kam Frieda und holte uns ab.

Zu Hause wurde geheizt, dann packte Frieda eine Riesenschüssel mit Gänseklein, drei Flaschen Rotwein und einen Quadratmeter Bienenstich aus. Vater legte für mich seinen Band Brehms Tierleben auf den Tisch, und im nächsten unbeachteten Augenblick lief ich in die Waschküche runter, holte das Grammophon rauf und legte eine Platte auf.

Es war „Ihr Kinderlein kommet", es knarrte zwar etwas, und die Platte hatte auch einen Sprung, aber das machte nichts. Frieda und ich sangen mit, Vater schluckte erst ein bißchen, aber dann räusperte er sich und sang auch mit. Als die Platte zu Ende war, schüttelten wir uns die Hände.

Es wurde ein schöner Weihnachtsabend. Erst sangen und spielten wir die Platten durch, dann spielten wir sie nochmal ohne Gesang, dann sang Frieda nochmal alle Platten allein, dann sang ich sie mit Vater nochmal, und dann aßen wir und tranken den Wein aus, darauf machten wir noch ein bißchen Musik, und dann brachten wir Frieda nach Hause.

Am nächsten Morgen blieb der Baum noch aufgeputzt stehen. Ich durfte liegenbleiben, und Vater machte den ganzen Tag Grammophonmusik.

Dann, in der darauffolgenden Nacht, nahmen wir den Baum aus der Wanne, steckten ihn, noch mit den Stanniolpapiersternen geschmückt, in den Sack und brachten ihn zurück in den Park. Hier pflanzten wir ihn wieder in sein Rosenrondell. Darauf traten wir die Erde fest und gingen nach Hause. Am Morgen brachte ich dann auch das Grammophon weg.

Den Baum haben wir noch öfter besucht; er ist wieder angewachsen, die Stanniolpapiersterne hingen noch eine ganze Weile an seinen Zweigen, einer sogar bis in den Frühling.

Siegfried Lenz

Eine Art Bescherung

Damals lebten wir in einer Baracke mit Tarnanstrich, sieben Familien in sieben Räumen, und von den alten Jegelkas trennte uns nur eine Wand aus zerknittertem Packpapier. Wie eine Ansammlung von reglosen Schiffen lagen die Baracken in der verschneiten Ebene, leichte, hölzerne, transportable Bauwerke, kühn konzipiert von den Architekten des 20. Jahrhunderts, Gemeinschaftswasserleitung, Gemeinschaftstoilette, dazu von außen ein Tarnanstrich: weiße gezackte Zungen, dunkelgrüne hochschlagende Flammen, rostrote, ungleichschenkelige Dreiecke –: gegen Sicht waren wir sehr gut geschützt. Nachdem die Feuerwerker verschwunden waren, die hier während der letzten Kriegsjahre getarnt an einer Mehrzweck-Mine gefeilt hatten, machten sie die Baracken zu einem Auffanglager, zweigten ein Rinnsal von dem großen Treck ab und ließen die Baracken einfach vollaufen, bis jeder Winkel ausgenutzt war. Auch Mama wurde hier aufgefangen wie all die andern, die das Trapez der Geschichte verfehlt hatten; wir erhielten einen der sieben Räume und dekorierten ihn mit den Sachen, die Mama während der ganzen Flucht mitgeschleppt hatte: mit dem Elchgeweih, dem riesigen Küchenwecker und dem Vogelbauer, in dem sie jetzt Papiere aufbewahrte.

Wir hatten soviel zu tun, um satt zu werden, warm zu werden, daß wir uns um kein Datum kümmerten, und wir hätten auch nichts von Weihnachten gemerkt, wenn nicht Fred zurückgekommen wäre aus dem Donezbecken. Nur weil sie ihn zu Weihnachten aus der Gefangenschaft entlassen hatten, wußten wir, daß es uns bevorstand; doch obwohl wir es nun wußten, erwähnten wir es nie, forschten nicht heimlich nach Wünschen, handelten nicht lieb hinterm Rücken. Fred machte sich ein Lager aus Zeitungspapier, deckte sich mit seiner erdgrauen Wattejacke zu und schlief Weihnachten entgegen, vier Tage und vier Nächte, während Mama und ich frierend herumgingen und verhalten mit den alten Jegelkas zankten, um für Fred Ruhe zu schaffen. Als uns der Heilige Abend ereilt hatte, war immer noch kein Wort über Weihnachten gefallen, doch jetzt stand Fred auf, hauchte die Eisblumen vom Fenster, blickte lange über die traurige Landschaft Schleswig-Holsteins und zu dem rötlichen Himmel über der Stadt; dann ging er hinaus, rasierte sich über dem Gemeinschaftsausguß, und als er zurückkam, sagte er: „Ich fahr mal in die Stadt rüber."

Gegen Mittag spürte ich, daß Mama mich am liebsten rausgeschickt hätte, doch sie sagte nichts, und da nahm ich mir einen der kratzigen Zuckersäcke, verschwand heimlich, stapfte durch den Schnee zum Bahndamm, stieg den Bahndamm hinauf, dort wo die Steigung beginnt und die Züge langsamer fahren. Hinter einem Baum, einem harzverkrusteten Fichtenstamm, wartete ich. Es begann heftig zu schneien, und die Schienen blinkten matt in der Dämmerung. Ich trampelte, um die Füße warm zu bekommen, denn es war wichtig für den Sprung auf den fahrenden Zug; der Fuß mußte den Sprung kalkulieren, verantworten: mit einen gefühllosen Fuß war man verraten wie der kleine Kakulka, der sich enorm verschätzte und es bezahlen mußte.

Den D-Zug, der wie ein Büffel durch das Schneetreiben donnerte, ließ ich in Ruhe, aber der Güterzug dann: von weitem schon hörte ich ihn rattern, schlingern, und ich kam hinter dem Baum hervor, machte mich fertig zum Sprung. Ich fühlte mich nicht sehr sicher, denn ich hatte kein verläßliches Gefühl im Sprungbein, doch ich war entschlossen, den Güterzug anzugreifen. Und da kam er heran: eine schwarze drohende Stirn, die durch das Schneegestöber stieß, die Lokomotive, der Tender, auf dem die Kohlen lagen, die uns Wärme bringen sollten an den Weihnachtstagen. Ich streckte die Hände aus, suchte nach dem Gestänge; in diesem Augenblick hörte ich den Ruf des Heizers, sah sein Gesicht, oder vielmehr das Weiße seiner Augen, das Weiße seiner Zähne, und ich entdeckte den gewaltigen Kohlenbrocken, den er über dem Kopf hielt und jetzt zu mir hinabschleuderte. Der Heizer wußte, daß wir manchmal an der Steigung des Bahndamms warteten, wenn die Kohlenzüge kamen: diesmal hatte er auf uns gewartet.

Ich schob den gewaltigen Brocken in den Zuckersack, rutschte den Bahndamm hinab, stapfte durch den Schnee zu den getarnten Baracken und blieb zwischen den Erlen stehen, als ein Schatten den Lehmweg herunterkam. Es war Fred: „Schnell", sagte er, „ich kann nicht solange draußen bleiben."

Er zeigte auf eine Zigarrenkiste; der Deckel hatte eine Anzahl von Luftlöchern, und im Kasten kratzte und scharrte und flatterte es. Gemeinsam betraten wir die Baracke, schoben uns zu unserem Apartment. „Woher kommst du?" fragte ich Fred. „Vom Schwarzen Markt", sagte er, „das ist eine sehr gute Einrichtung."

In unserm Raum hatte sich etwas verändert. Es war da eine ganz gewisse Verwandlung erfolgt. Auf einer Bierflasche steckte eine Kerze, und das Elchgeweih, das Mama als wesentliches Fluchtgepäck mitgeschleppt hatte, war mit Tannengrün behängt. Auch an den Wänden hing Tannengrün, nur der Küchenwecker war nackt und ungeschmückt – vielleicht weil man kein Tannengrün an ihm befestigen konnte. Aber es hatte sich noch mehr verändert, und ich brauchte eine Weile, bis ich merkte, daß der Vogelbauer fehlte. „Wo ist denn der Käfig?" fragte Fred. „Hier", sagte Mama, und ließ uns in einen Topf blicken, in dem ein weißliches Stück Speck lag, „ich habe den Käfig eingetauscht gegen den Braten. Das ist mein Geschenk." – „Und das ist mein Geschenk", sagte Fred und gab Mama die Zigarrenkiste, in der es kratzte und scharrte und flatterte. Vorsichtig öffnete Mama die Kiste, doch nicht vorsichtig genug, denn als sie den Deckel lüftete, schoß ein Dompfaff heraus, kurvte durch den Raum und ließ sich erschöpft auf dem Küchenwecker nieder.

Jetzt wandten sich beide mir zu, blickten auf den Sack, forschend, räuberisch, und da erlöste ich sie aus der Ungewißheit und ließ mein dreißigpfündiges Geschenk herausplumpsen.

Später zerschlug ich den Kohlebrocken mit dem Hammer. Wir heizten ein, daß der Kanonenofen glühte und das Packpapier, das uns von den alten Jegelkas trennte, zu knistern begann vor Hitze, und dann brachte Mama den geschmorten, glasigen Speck auf den Tisch: schweigend aßen wir, mit fettigen Mündern: nur unser Seufzen war zu hören, mit dem wir die Wärme in uns aufnahmen, ein tiefes, neiderregendes Seufzen über die unermeßliche Wohltat, die uns geschah, und Fred zog seine erdbraune Wattejacke aus, ich den Marinepullover, so daß wir schließlich nur im Hemd dasitzen konnten – winters in einer Baracke im Hemd! – und auch jetzt noch die Wärme spürten, die unsere Gesichter rötete, das Blut in den Fingern klopfen ließ. Und dies vor allem spüre ich, wenn ich an das Weihnachten von damals denke; die erbeutete Wärme, und ich höre Mama sagen: „Daß sich keiner, ihr Lorbasse, unterstehen mecht', das Fensterche aufzumachen oder de Tier: den schmeiß ich eijenhändig raus, daß er Weihnachten haben kann mit de Fixe, pschakref."

Rudolf Otto Wiemer

Ein Dorf namens Knast

„Wo ist Papa?" fragt Sven.

Die Mama antwortete nicht. Sie steht am Fenster und blickt auf die Felder hinaus. Das tut sie jetzt oft. Steht am Fenster, ohne ein Wort zu sagen. Manchmal sieht es aus, als ob die Mama weint.

Sven kann das nicht begreifen. So kurz vor Heiligabend weint man doch nicht. Sven hat einen Adventskalender, da macht er jeden Morgen eine Tür auf. Noch fünf Türen, dann ist es soweit.

„Papa", sagt Svens Schwester, „ist beim Weihnachtsmann, das weißt du doch." Svens Schwester heißt Mara und ist vier Jahre alt.

„Was tut er dort?" fragt Sven.

„Dem Weihnachtsmann helfen", antwortet Mara.

Na gut. Trotzdem wäre es Zeit, daß Papa heimkommt. Er weiß bestimmt, weshalb die Mama weint. Und weshalb sie sagt: „Weihnachten fällt dies Jahr aus. Ihr braucht euch gar nichts zu wünschen, Kinder."

„Auch einen Christbaum nicht?"

„Nein, den auch nicht."

Sven überlegt, ob man Papa nicht sagen sollte, daß die Mama auf ihn wartet. Und daß sie nichts von Weihnachten wissen will. Womöglich hätte Papa, auch wenn er arbeitslos ist, zu Hause bleiben sollen, statt dem Weihnachtsmann zu helfen.

„Was meinst du", sagt Sven leise zu seiner Schwester, „ob wir Papa holen?"

Mara nickt. Dann kommen ihr Zweifel. „Weißt du denn, wo der Weihnachtsmann wohnt?"

Sven weiß das nicht, obwohl er nächstes Jahr in die Schule gehen wird. Er fragt die Mama: „Wo wohnt der Weihnachtsmann?"

Die Mama zieht den Mantel an, sie will einkaufen. Früher hat sie die Kinder stets mitgenommen. Jetzt sagt sie: „Ihr bleibt zu Hause. Die Leute sollen euch nicht angaffen, als hättet ihr eine ansteckende Krankheit."

Sven weiß nicht, was er davon halten soll. Und weshalb setzt die Mama eine dunkle Brille auf? Fast könnte man darüber lachen. Die Mama sieht, wenn sie die Brille aufhat, einer Eule ähnlich. Und sie hat ein ebenso griesgrämiges Gesicht.

„Wo wohnt der Weihnachtsmann?" fragt Sven.

Die Mama zieht Handschuhe an und nimmt die Einkaufstasche. „Wo der Weihnachtsmann wohnt? Weshalb willst du das wissen?"

„Nur so", sagt Sven.

Die Mama schluckt. „Er wohnt in einem Dorf", sagt sie, „das ich nicht genau kenne."

„Warst du noch nie dort?"

„Nein. Ich will auch nicht hin."

„Wie heißt das Dorf?" fragt Sven.

Die Mama sagt: „Das Dorf heißt Knast."

Mara lacht: „Ein komischer Name."

„Ja, komisch", sagt die Mama und geht zur Tür.

Sven blickt zum Fenster hinaus. „Wie weit ist das? Kann man da hingehen?"

„Nicht weit. Trotzdem ist es weiter, als man denkt."

„Das macht nichts", sagt Sven.

„O doch", antwortet die Mama, „das macht sehr viel. Aber das verstehst du nicht, Sven. Das erkläre ich dir später." Sie bückt sich, gibt dem Jungen einen Kuß und zieht die Tür hinter sich zu.

„Hast du gehört?" sagt Mara nach einer Weile. „Man kann hingehen."

Sven ist da nicht sicher. Die Mama hat gesagt, es ist weiter, als man denkt. Und von diesem komischen Dorf hat Sven nie etwas gehört. „Wie heißt es doch?"

„Knast", sagt Mara. Sie zieht den dicken Mantel aus dem Schrank. „Wollen wir?"

Sven zögert. Doch plötzlich sieht er den Papa vor sich, wie er eine Holzeisenbahn mit Farbe bemalt. Er hat eine grüne Schürze vor, wie stets, wenn er im Keller an der Drehbank arbeitet. Er ist Tischler von Beruf und war bis vor kurzem in der Möbelfabrik Henkel & Co. beschäftigt. Solche Leute, denkt Sven, kann der Weihnachtsmann brauchen. Aber wir brauchen den Papa auch.

Sven geht zur Kommode, steckt das Sparschwein ein und setzt die Wollmütze auf. „Los", sagt er, „ehe die Mama zurückkommt."

Draußen ist es kalt. Ein Schwarm Krähen fliegt über die Siedlung, die aus einstöckigen Häusern besteht und die von den Leuten die Vogelsiedlung genannt wird.

„Du kannst doch laufen?" fragt Sven die Schwester.

O ja, Mara kann laufen. Sie hat allerdings Hausschuhe an.

„Macht nichts", sagt Sven, „die Pfützen sind alle zugefroren."

Sie gehen auf dem Birkenweg, neben dem Fluß. Manchmal fliegen Enten auf. Oder eine Elster. Dann kommen die Schrebergärten, in denen kleine, gelb oder grün gestrichene Hütten stehen, mit Bänken und Regentonnen davor.

Als sie den Schützenplatz überqueren, fängt es an zu schneien. Winzigkleine Flocken, die der Wind schräg über den Rasen treibt.

Sven bleibt stehen und lauscht.

„Ein Karussell!" sagt Mara. „Haben sie in Knast ein Karussell?"

„Nein, das ist der Weihnachtsmarkt. Da sind wir im vorigen Jahr gewesen."

„Weshalb dies Jahr nicht?"

„Keine Ahnung", sagt Sven. Das ist ein Wort, das er vom Papa gehört hat. Zum Beispiel, wenn Sven fragt: Weshalb ist der Schnee weiß und nicht grün? Keine Ahnung, sagt der Papa. Und wie lange bist du noch arbeitslos? Keine Ahnung, sagt er.

„Wollen wir zum Weihnachtsmarkt?" fragt Mara.

„Nein, zuerst nach Knast."

„Ist das noch weit?"

„Keine Ahnung", sagt Sven. Er blickt sich im Schneegestöber um. Der Weg ist kaum noch zu erkennen. Der Zaun ist fort, die Bäume sind fort, der Flockenfall wird stärker.

Mara starrt auf ihre dünnen Hausschuhe. „Du mußt mal jemanden fragen. Vielleicht einen Radfahrer." Doch nirgends ist ein Radfahrer zu sehen.

Ängstlich ist Sven nicht. Aber vielleicht hätte er Mara nicht mitnehmen sollen. Sie bleibt stehen und sagt, die Füße tun ihr weh. „Fang bloß nicht an zu flennen", sagt Sven.

Manchmal huscht der Lichtstrahl eines Autos an ihnen vorüber. Maras Wollmütze ist weiß. Mara kann kaum atmen, so faucht der Wind gegen sie an.

„Wart nur", sagt Sven, „wenn ich erst zaubern kann. Dann zaubere ich uns einen Schlitten, mit zwei schwarzen Pferden davor."

Mara weiß, daß Sven sich zu Weihnachten einen Zauberstab wünscht. Mara wünscht sich einen Vogel. Einen Wellensittich oder einen Stieglitz. Weil sie doch in der Vogelsiedlung wohnen. Es gibt dort eine Sperlingsgasse, einen Lerchen- und einen Amselweg. Das ist lustig, hat die Mama gesagt, als sie dort einzogen. Aber jetzt ist es nicht lustig.

„Sieh mal an, zwei Schneemänner!" sagt da plötzlich

eine Stimme neben ihnen. Der Mann hat eine dicke Ledertasche um, die voller Briefe und Zeitungen steckt. „Habt euch gewiß verlaufen", sagt er.

Nein, verlaufen nicht. Sie wollen nach Knast.

„Was?" Der Mann tut, als hätte ihn jemand erschreckt. „Nach Knast wollt ihr?"

„Ja", antwortet Sven, „in das Dorf, wo der Weihnachtsmann wohnt."

Der Briefträger mustert die Kinder kopfschüttelnd. „Knast kenne ich. Aber daß da der Weihnachtsmann einquartiert ist, ist mir neu. Was machen wir da? Am besten, ihr kommt erst mal mit. Ich meine, zu Frau Schenk. Die hat fünf Enkel und weiß, wie man mit solchen, wie ihr seid, umgeht."

„Nein", sagt Sven, „wir wollen nicht zu Frau Schenk. Wir wollen zum Papa."

„Und wo ist er, der Papa?"

„In Knast. Beim Weihnachtsmann."

„Alles klar", sagt der Briefträger, „da ist Frau Schenk gerade richtig. Sie weiß nämlich, wo Knast liegt."

Sven ist noch immer argwöhnisch, während der Briefträger klingelt und sich den Schnee aus den Augenbrauen wischt.

„Frau Schenk macht das schon", sagt der Briefträger.

Frau Schenk hat weißes Haar und ein freundliches, rundes Großmuttergesicht. „Kriege ich Besuch?" fragt sie.

„Jawohl", sagt der Briefträger, „für eine halbe Stunde. Sie wissen doch, wo das Dorf Knast liegt?" Dabei blinzelt er und lächelt.

„Aber sicher", sagt Frau Schenk. „Kommt nur herein, Kinder." Sie nickt dem Briefträger zu, der ihr eine Postkarte gibt und verschwindet.

„Wärmt euch erst mal", sagt Frau Schenk, nachdem sie die Kinder nach Namen und Straße ausgefragt hat. „Wollt ihr die Mäntel nicht ausziehen? Die sind ja ganz naß."

„Nein", sagt Sven. Er denkt: Man muß auf der Hut sein. Nie mit Fremden mitgehen, hat Papa gesagt.

Sven beobachtet, wie Frau Schenk den Mantel anzieht.

„Sagen Sie uns rasch, wo Knast liegt?"

„Moment", sagt Frau Schenk, „ich werde meinen Sohn anrufen. Der weiß Bescheid. Er ist nämlich Polizist."

Frau Schenk bindet ein Kopftuch um und setzt den Kindern ein Glas Orangensaft auf den Tisch. „Das Telefon", sagt sie, „ist gleich nebenan. Höchstens zwanzig Schritte."

Sven hört, wie Frau Schenk die Treppe hinabgeht. „Jetzt müssen wir rasch fort", sagt er.

„Warum?"

„Weil der Polizist uns nach Hause bringt, das weißt du. Polizisten bringen kleine Kinder stets nach Hause."

Mara seufzt. Sie wäre gern auf Frau Schenks Sofa sitzen geblieben. Sie trinkt einen Schluck Orangensaft. Dann läßt sie sich von Sven aus der Wohnung ziehen.

Draußen ist es nicht mehr so kalt wie vorher. Man kann, weil das Schneien aufgehört hat, weit die Straße hinunter blicken, bis zu dem steinernen Torbogen, der jetzt mit grünen Girlanden und goldenen Sternen geschmückt ist. Gleich dahinter, das weiß Sven, liegt der Weihnachtsmarkt. Ab und an hört man das Karussell dudeln. Und je näher die Kinder dem Torbogen kommen, um so würziger schmeckt die Luft. Nach süßen, frischgebackenen Kräpfeln. Oder nach Bratwurst.

Sven macht große Schritte. Trotzdem weiß er manchmal nicht, ob alles gut ausgehen wird. Es war zuerst ganz einfach, das Dorf mit dem merkwürdigen Namen zu finden. Doch nun weiß keiner genau, wo es liegt, selbst der Briefträger nicht.

Sven ist ärgerlich. Hätte er bloß die Schwester nicht mitgenommen. Kaum hat sie das Karussell entdeckt, will sie darauf fahren. Es ist schon schlimm mit so einem Mädchen. Immerhin, man könnte, denkt Sven, den Karussellbesitzer fragen. Karussellbesitzer kommen weit herum.

Sven geht vorsichtig näher. „Sind Sie schon mal", fragt er, „in Knast gewesen?"

„Knast? Nee!" lachte der Karussellbesitzer. „Da will ich nichts von hören. Macht, daß ihr fortkommt, ihr Rangen!"

Sven dreht dem Karussellbesitzer den Rücken zu. Im gleichen Augenblick hat er etwas entdeckt. Drüben bei Karstadt, wo die Mama manchmal einkauft.

„Der Weihnachtsmann!" schreit Sven. „Jetzt haben wir ihn!"

Ja, da steht er, mit roter Nase und weißem Bart. Auf dem Kopf trägt er die hohe, mit Pelz besetzte Mütze. Er klopft die dicken Handschuhe gegeneinander und stampft mit den Stiefeln.

„Frierst du?" fragt Sven.

„Nein. Weihnachtsmänner frieren nicht."

„Warum bist du nicht in der Werkstatt?"

„Werkstatt? Ach so, du meinst wegen der vielen Arbeit? Damit höre ich gewöhnlich eine Woche vor Heiligabend auf."

„Warum?"

„Weil ich dann hier vor dem Kaufhaus stehe. Um die Leute daran zu erinnern, daß es Weihnachten wird."

„Und die Arbeit?"

„Dazu habe ich meine Helfer."

Sven nickt. „Das weiß ich. Papa arbeitet auch bei dir."

„Bei mir? Wie heißt denn dein Papa?"

„Müller heißt er. Wir heißen alle Müller."

„So, so. Und wo ist eure Mama?"

„Die ist einkaufen gegangen."

„Das habe ich mir gedacht", sagt der Weihnachtsmann. „Wo seid ihr denn zu Hause?"

„In der Vogelsiedlung", sagt Mara, „Sternengasse acht."

„Habt ihr Telefon?"

„Ja, das haben wir. Mama hat gesagt, nach Weihnachten bestellen wir's ab!"

„Warum abbestellen?"

„Weil Papa arbeitslos ist. Deshalb arbeitet er ja bei dir."

„Ganz recht", sagt der Weihnachtsmann, „viele Arbeitslose sind bei mir beschäftigt. Allerdings nur als Aushilfe. Nach dem Fest werden sie wieder entlassen."

„Ja", nickt Sven, „das hat die Mama auch gesagt. Sie weiß nämlich, wo du wohnst."

„So? Wo wohne ich denn?"

„In einem Dorf", sagt Sven.

„Stimmt, in einem Dorf. Und wie heißt das Dorf?"

„Knast", sagt Sven.

Der Weihnachtsmann macht kugelrunde Augen. „Knast? Wer hat dir denn so was beigebracht?"

Der Weihnachtsmann weiß nicht, ob er lachen oder sich ärgern soll. Schließlich brummt er: „Ich bringe euch erst mal ins Büro. Zum Geschäftsleiter. Da werden wir weitersehen."

Der Geschäftsleiter ist ein freundlicher Mann. „Zwei Kinder, die die Mama verloren haben? Das geben wir gleich durch Lautsprecher bekannt."

„Moment", mischt der Weihnachtsmann sich ein, „die Kinder suchen, soviel ich verstanden habe, nicht ihre Mama, sondern den Papa."

„Wieso? Ist er bei uns beschäftigt?"

Der Weihnachtsmann zuckt die Achseln. Er sagt dem Geschäftsleiter etwas ins Ohr.

„Na so was", sagt der Geschäftsleiter, „das kompliziert die Sache." Er drückt dem Weihnachtsmann das Telefonbuch in die Hand. „Also, Herr Schachtebeck, wenn Sie das mal übernehmen wollen –", dann rückt er die Krawatte zurecht und rennt aus dem Büro.

Der Weihnachtsmann seufzt. „Nun mal genau", sagt er und setzt, weil er schwitzt, die Pelzmütze ab, „wie heißt euer Papa mit Vornamen?"

„Karl", sagt Sven.

Der Weihnachtsmann blättert im Telefonbuch. „Hol's der Kuckuck, wie kann man bloß Müller heißen!"

„Jawohl", sagt Mara, „einen Kuckucksweg haben wir auch." Sie tritt von einem Fuß auf den anderen.

„Dreißig Müller im Telefonbuch!" stöhnt der Weihnachtsmann. „Da soll sich einer zurechtfinden! Was ist los? Was habt ihr, Kinder?"

„Mara muß mal", sagt Sven.

Der Weihnachtsmann wählt gerade die Nummer. „Rechts um die Ecke", sagt er.

Die Kinder gehen rechts um die Ecke. Schließlich zeigt eine junge Frau ihnen die Toilette. Mara verschwindet. Sven bleibt draußen.

„Komm schon", sagt Sven, als er Mara wieder an der Hand hat, „jetzt rennen wir schnell die Treppe hinunter."

„Warum schnell?"

„Weil der Weihnachtsmann mit der Mama telefoniert. Und die Mama holt uns ab. Dann haben wir keinen Papa zu Hause."

„Immer das Telefon", seufzt Mara. Dann fragt sie: „Wo ist eigentlich Papa? Nicht beim Weihnachtsmann?"

Sven weiß nicht, was er antworten soll. Das Beste, er verspricht ihr ein Pfefferkuchenherz, auch wenn er weiß, daß Mara jetzt nicht mehr aufhören wird, von dem Pfefferkuchenherz zu faseln, bis sie es hat.

Zum Glück ist da gleich eine Bude mit braunen, verzukkerten Honigkuchen. In der Bude sitzt ein alter Mann. Er hat magere Backen und eine spitze Nase. „Wollt ihr was kaufen?" fragt er mißmutig. „Sonst macht, daß ihr weiterkommt."

O ja, kaufen wollen sie. Sven weiß bloß nicht, wie er das Geld aus dem Sparschwein herauskriegen soll.

„Gib mal her", sagt der alte Mann, der plötzlich ein Messer in der Hand hat.

„Nicht kaputt machen", sagt Sven.

Nein, nein, der alte Mann steckt das Messer in den Schlitz des Sparschweins. Er biegt die Lasche zurück und läßt ein paar Münzen auf den Teller klimpern.

„Seht ihr, so einfach ist das", sagt der alte Mann, dem ein Tropfen an der Nasenspitze hängt, „nun sucht euch was Schönes aus."

Sven bekommt einen Bratapfel, Mara das Pfefferkuchenherz.

„Habt ihr die Mama verloren, Kinder?"

„Nein, den Papa."

„Was ist mit ihm?"

„Arbeitslos ist er. Und jetzt ist er in einem Dorf, das heißt Knast. Da wollen wir hin. Aber wir finden es nicht."

Der alte Mann wischt sich die Nase mit dem Handrükken. Er lacht, daß man seine rote Zunge sieht. „Knast?" lacht er, „das ist doch ganz einfach. Fragt den Leierkastenmann – seht ihr, dort drüben. Der weiß genau, wo Knast liegt, denn er hat drei Jahre dort gewohnt."

„Prima", sagt Sven. Er nimmt Mara bei der Hand und rennt mit ihr zwischen der Eisbude und dem Bratwurststand durch.

Der Leierkastenmann spielt gerade „Vom Himmel hoch, da komm ich her". Als er das Wort „Knast" hört, läßt er die Kurbel los. „Knast? Wollt ihr mich anstänkern, ihr Rakker?"

„Nein", sagt Sven, „wir suchen unseren Papa."

„Ist der im Knast?"

„Ja. Und ich gebe Ihnen auch mein Sparschwein, wenn Sie uns sagen, wie wir das Dorf Knast finden."

„Dorf? Das ist kein Dorf, ihr Gören. Das ist ein Haus. Hier, gleich um die Ecke. Ein großes, steinernes Haus. Ihr erkennt es sofort, weil es Eisenstäbe vor den Fenstern hat. Gar nicht zu verfehlen, Kinder. Na, und wie ist es mit dem Sparschwein?"

Sven hört noch, wie die Münzen auf das Straßenpflaster

klimpern. Er dreht sich nicht um. Er hat seine Mühe mit Mara, die nur widerwillig folgt.

Gleich um die Ecke, hat der Leierkastenmann gesagt. Und da ist wirklich das große, steinerne Haus. Es ist grau, von einer hohen Mauer umgeben, und hat Gitter vor den Fenstern. Wie gut, daß sie es endlich gefunden haben!

„Dort“, sagt Mara, „dort mußt du klingeln.“ Sie zeigt auf ein weißes Schild.

„Ich kann nicht ran“, sagt Sven. „Die Klingel ist zu hoch.“

Mara blickt sich weinerlich um. „Ich friere“, sagt sie. „Meine Füße sind naß.“

Sven wartet, bis ein älterer Herr vorbeikommt. Der Herr hat eine Brille auf der Nase und einen Lodenmantel an.

„Entschuldigen Sie“, sagt Sven, „können Sie hier nicht mal klingeln?“

Der Herr im Lodenmantel bleibt stehen. Er geht nahe heran, setzt die Brille ab und betrachtet das Schild. „Um Gottes willen“, sagt er und wirft Sven einen erbosten Blick zu, „du willst mich wohl reinlegen? Unerhört, was diese Bengels sich heutzutage erlauben!“

Es fängt wieder an zu schneien. Mara hat das Pfefferkuchenherz in der Hand und zittert.

„Heul bloß nicht“, sagt Sven.

Nein. Mara heult nicht. Sie hat auf dem Bürgersteig gegenüber einen Müllkübel entdeckt. Daneben eine leere Apfelsinenkiste. Die könnte man vielleicht unter die Klingel stellen.

Die Klingel schrillt. Die Tür öffnet sich.

„Ist hier Knast?“ fragt Sven.

„Allerdings“, antwortet eine tiefe, mißtrauische Stimme. „Zu wem wollt ihr?“

„Zum Papa“, sagt Sven. „Er hilft dem Weihnachtsmann.“

„Hier?“

„Ja, hier.“

„Wer hat das gesagt?"

„Die Mama. Und sie ist jetzt immer traurig, weil sie allein ist."

„Aha. Deshalb wollt ihr den Papa hier abholen?"

„Ja", sagen Sven und Mara gleichzeitig.

„Hm", brummt die Stimme, und sie ist schon etwas freundlicher, „tretet erst mal näher, ihr beiden."

Sie gehen durch einen kahlen Flur. Sie gelangen in ein Zimmer, da sind zwei Stühle, ein Tisch und ein großer Schrank. Auf dem Tisch steht ein winziger, mit Kerzen und Glitzerwatte geschmückter Baum. Daneben das Telefon.

„Setzt euch", sagt der Mann, der einen dicken Schnurrbart hat, „wie heißt denn euer Vater?"

„Karl Müller", antwortet Sven.

Der Mann öffnet den Schrank, nimmt ein Aktenstück heraus und blättert. Er sagt nichts, er brummt immer nur „Hm, hm". Schließlich klappt er den Aktendeckel zu. „Wartet einen Augenblick", sagt er, „ich werde die Sache besprechen."

Es dauert eine Weile, bis der Mann mit dem Schnurrbart zurückkommt. Gar zu gern möchte Mara das Pfefferkuchenherz aufessen. Sie hat schon am Zucker geknabbert, doch Sven sagt, sie wollen den Bratapfel und das Herz dem Papa schenken, damit er sich freut, wenn er Sven und Mara wiedersieht, nach so langer Zeit.

Na, und dann wundern sich die Kinder, daß der Papa, als er hereinkommt, kein bißchen lacht. Er bückt sich, er stammelt irgend etwas und hat Tränen in den Augen. So haben sie den Papa noch nie gesehen. Ob er nicht nach Hause darf?

Doch, er darf. Der Mann mit dem Schnurrbart sagt, Herr Müller wäre sowieso am Heiligen Abend entlassen worden. Nun darf er bereits ein paar Tage früher. Es ist ihm erlaubt worden.

Der Papa zieht den Mantel an und verabschiedet sich. Er

gibt dem Mann die Hand und sagt, er will nie mehr wiederkommen.

„Na hoffentlich", sagt der Mann mit dem Schnurrbart.

Als die hohe, breite Tür hinter ihnen zufällt, sagt der Papa: „Wie habt ihr bloß hierher gefunden?" Dabei putzt er die Nase und blickt nach dem großen steinernen Haus zurück.

„Ganz einfach", sagt Sven. „Die Leute wissen fast alle, wo Knast liegt."

„Freilich", sagt der Papa. Er dreht sich nicht mehr um, er ist stets einen Schritt voraus.

„Nur, ein Dorf ist es nicht", sagt Sven. „Liegt ja mitten in der Stadt."

„Stimmt", sagt der Papa.

„Und warum hat es vergitterte Fenster?"

Der Papa antwortet nicht. Schweigend gehen sie weiter, bis Mara anfängt zu weinen, weil die Füße ihr wehtun.

„Komm", sagt der Papa und hebt sie auf den Arm. „Was hast du denn da?" fragt er.

„Ein Pfefferkuchenherz", sagt Mara, „für dich. Und Sven hat einen Bratapfel."

„Und wenn ich erst den Zauberstab habe", sagt Sven, „zaubere ich dem Weihnachtsmann ein anderes Haus."

„Was denn für eins?" fragt der Papa.

„Eins ohne Gitter", sagt Sven.

Erich Jooss

Schluss mit Weihnachten!

Wenn ich an das letzte Weihnachtsfest denke, bin ich traurig und glücklich zugleich. Von diesem Weihnachtsfest möchte ich erzählen. Aber ich weiß nicht, wie ich beginnen soll. Oder würdet ihr gerne über einen Vater reden, der dauernd Wutanfälle bekommt? Die kleinste Kleinigkeit kann ihn ärgern. Irgendjemand hat vergessen, das Licht im Gang auszuschalten. Sofort schreit mein Vater. Er schreit auch, wenn der Sportteil der Zeitung fehlt. Er schreit fast immer.

‚Vielleicht fühlt er sich nicht wohl bei uns', denke ich. ‚Wir können ihm nichts recht machen. Wir sind eine Unglücksfamilie.' Am liebsten würde ich mit meinem Vater reden, von Mann zu Mann. Aber ich habe Angst vor ihm. Sobald die blaue Ader auf seiner Stirne erscheint, ist es höchste Zeit zu verschwinden. Wenn ich jetzt noch etwas sage, rennt er hinter mir her! Natürlich bin ich schneller als er. Trotzdem fängt er mich jedes Mal. Er gibt einfach nicht auf, bis er mich erwischt hat. Dann keucht er wie ein Walroß, und dann wird seine Wut noch größer.

„Warum bist du so blöd und ärgerst ihn?" Diese Frage hat mir mein Bruder schon oft gestellt. Wir sind Zwillinge, doch Max, der Einserschüler, ist ganz anders als ich. Er putzt sich die Zähne dreimal am Tag und trägt den Mädchen ihre Taschen nach. Wenn es daheim Streit gibt, verdrückt er sich. Ich glaube, wir können uns nicht besonders leiden.

Einmal haben wir uns wie Freunde gefühlt, wie richtige Freunde. Das ist am Weihnachtstag des letzten Jahres gewesen. Begonnen hatte dieser Tag wie immer. Meine Mutter ging früh am Morgen zum Metzger, und um 9.00 Uhr klingelte der Bierfahrer, der noch rechtzeitig vor den Feiertagen die leeren Flaschen gegen volle eintauschte.

Gleich nach dem Frühstück nahm sich mein Vater auf dem Balkon den Christbaum vor. Er hackte eine Weile an dem krummgewachsenen Sonderangebot herum; dann stopfte er die Tanne in den Ständer. Aber kein Christbaumständer der Welt kann windschiefe Tannen wieder geradebiegen. Also holte mein Vater eine Schnur und band den Baum an einen Nagel, den er für solche und ähnliche Fälle in die Wohnzimmerdecke geschlagen hatte.

Der Nachmittag verlief eintönig. Vater saß in der Küche und drehte am Radio. Dabei schimpfte er über die Weihnachtslieder, die wie Honig aus den Lautsprechern tropften. Unsere Mutter hatte sich mit dem Christbaum eingeschlossen. Sie hängte die bemalten Kugeln in die Zweige. Dann kamen die Zinnfiguren an die Reihe, die Engel und die Heiligen aus Salzteig und aus Kunststoff. Immer wieder drückten wir unsere Gesichter gegen die Türscheibe. Aber wir sahen nur den Schatten der Mutter und hörten ein Rascheln und Klirren.

Bald wurde es mir langweilig. Ich zog mich mit meinem Lieblingsbuch in eine Ecke zurück. „Old Jed, der Trapper“, heißt das Buch. Es ist schon alt und geht allmählich aus dem Leim. Ein Onkel hat es mir geschenkt. Ich liebe die Bilder in diesem Buch. Am meisten gefällt mir die Zeichnung eines Blackfoot-Häuptlings auf Seite 159. Selbst im Dämmerlicht konnte ich noch das traurige Gesicht des Indianers erkennen. Der Häuptling guckt aus dem Bild heraus. Ich weiß nicht, was er sieht. Vielleicht die toten Büffel oder die Prärie, die unter den Weizenfeldern der Weißen verschwunden ist …

Fast wäre ich über dem Buch eingeschlafen. Da ertönte das Glöckchen. Es bimmelt ungeduldig und hörte nicht auf zu bimmeln, bis die ganze Familie um den Baum versammelt war. Unter den Zweigen lagen die Geschenke. Für mich gab es einen Schal in den Farben des FC Bayern und ein Fußballspiel, ein Tipp-Kick, während mein Bruder einen Chemie-Experimentierkasten bekam. Vor ein paar Wochen hatten wir die Geschenke im Schlafzimmerschrank der Eltern entdeckt. Jetzt schauten wir ganz neugierig und machten aufgeregte Gesichter, was gar nicht so leicht ist, wenn man schon alles weiß.

Wir sangen gemeinsam „Stille Nacht, heilige Nacht", dann sollte ich die Weihnachtsgeschichte nach Lukas vorlesen. „In jenen Tagen erließ Kaiser Augustus den Befehl", begann ich, und mein Vater sagte: „Komma!" Beim Komma mußte ich die Stimme heben, und beim Punkt wollte er, daß ich sie wieder senke. Zwischendurch sagte er auch „Pause" oder „Langsamer lesen" oder „Setz dich gerade hin". Mein Vater wäre gern Lehrer geworden. Nicht einmal am Weihnachtsabend vergißt er das!

In anderen Familien darf man jetzt allmählich die Geschenke ausprobieren, bei uns kommt zuerst das Abendessen. Ich erinnere mich noch genau: Mutter trug eine gebratene Ente herein, und dann ging sie ein zweites Mal in die Küche und holte die Knödel, die richtig dampften. Wie im Schlaraffenland schmeckte es. Ich goß so viel Soße über die Knödel, daß sie schwammen, und kaute friedlich vor mich hin.

An diesem Abend wäre alles gut verlaufen, wenn Mutter nicht die Idee mit dem Nachtisch gehabt hätte. Es gab nämlich ein Kirschenkompott. Anfangs legte ich die Kerne noch am Rand des Tellers ab. Dann sah ich in das Gesicht meines Bruders. Wir spuckten fast gleichzeitig.

Ich weiß bis heute nicht, warum ich mit dem Kern meinen Vater getroffen habe. Jedenfalls erstarrte er zu einer Säule. Kerzengerade saß er am Tisch, und seine Fäuste ballten sich, und die Ader auf seiner Stirne schwoll gefährlich an. Kurz bevor sie platzte, schrie er: „Was fällt euch ein? Verschwindet sofort! Ich will euch nicht mehr sehen!“ Wir blieben sitzen, bewegungslos, wie die Kaninchen vor der Schlange. Da schrie er noch einmal: „Haut ab! Geht ins Bett! Schluß mit Weihnachten!“

Das war der erste Abend in meinem Leben, an dem ich mich nicht waschen mußte. Wir zogen uns im Dunkeln aus, hängten die Kleider über die Stühle und schlüpften unter die Bettdecke. Dann war es still; nur die Stimme meiner Mutter drang vom Wohnzimmer herüber. Sie klang müde und traurig. Nach einer Weile gingen auch die Eltern ins Bett. Jetzt hörten wir nur noch den Wasserhahn, der in der Küche tropfte. „Schluß mit Weihnachten!“ hatte mein Vater geschrien.

Ich konnte nicht einschlafen. Immer wieder dachte ich an den Kirschkern, der in eine ganz andere Richtung geflogen war. „Schläfst du schon?“ fragte plötzlich mein Bruder, der Einserschüler. Er leuchtete mit der Taschenlampe in mein Gesicht. „Nein“, flüsterte ich und hielt schützend die Hände vor die Augen. „Dann komm mit“, forderte er mich auf. Wir tappten zur Tür, öffneten sie so leise wie möglich. Auf Zehenspitzen überquerten wir den Flur. Erst im Wohnzimmer trauten wir uns zu schnaufen.

Max machte sich gleich über den Experimentierkasten her. Als er den Brenner herausnahm und nach Streichhölzern suchte, wurde ich böse. „Willst du unser Haus in die Luft jagen?“ fauchte ich. „Lies zuerst einmal die Gebrauchsanweisung!“ Das begriff sogar mein Bruder. Er schob den Kasten zur Seite und sah mir zu, wie ich das Spielfeld von meinem Tipp-Kick ausrollte. „Du hast den roten Kicker“, sagte er auf einmal, während er den gelben nahm. Noch nie hatte sich Max für Fußball interessiert. Ich erklärte ihm die Regeln, und er schoß den Ball so oft in mein Tor, daß ich mit dem Zählen durcheinanderkam.

Direkt vor unserem Wohnzimmerfenster steht eine Laterne. Ihr Licht genügte uns. Nur manchmal, wenn der winzige Ball davonsprang, mußten wir zur Taschenlampe greifen. Im Eifer des Spieles merkten wir nicht einmal, daß die Tür aufging. „Darf ich mitspielen?" fragte mein Vater und setzte sich neben uns. Vor Schreck brachten wir keine Antwort heraus. „Dann eben nicht", sagte er. „Aber laßt mich wenigstens den Balljungen machen."

An diesem Abend kroch mein Vater unter das Sofa. Er kroch unter den Schrank und unter den Tisch. Auf der Suche nach dem Ball knipste er dauernd die Taschenlampe an. Wir sagten ihm nicht, daß es einen Lichtschalter gab.

Ganz zuletzt kam meine Mutter herein. Sie stellte sich ans Fenster. Mein Vater ging zu ihr und legte den Arm um ihre Schulter. Draußen wirbelte der Schnee. Die Dächer wurden weiß, und im Nachbarhaus brannte jemand eine Wunderkerze ab. Sekundenschnell verglühten die Sterne. „Was ist mit dir?" fragte mein Bruder und schaute mich an. Fast hätte ich geheult.

William Saroyan

Am dritten Tag nach Weihnachten

Donald Efaw, sechs Jahre und drei Monate alt, stand an der Ecke der dritten Avenue und der siebenunddreißigsten Straße; sein ärgerlicher Vater Harry hatte ihm vor einer Stunde befohlen, eine Minute hier zu warten, während er in den Laden ging, um eine Arznei für Alice zu holen, die hustend und weinend krank zu Bett lag. Alice war drei und hatte sie alle die ganze Nacht wachgehalten. Donalds nervöser Vater Harry haßte den Lärm und gab Mutter die Schuld. Mutter hieß Mabelle. „Mabelle Louisa Atkins Fernandez, ehe ich Harry Efaw heiratete", hatte der Junge seine Mutter einmal zu einem Mann sagen hören, der das zerbrochene Fenster in der Küche reparieren sollte. „Mein Mann hat von seiner Mutter etwas Indianerblut, und ich habe von meinem Vater etwas Indianerblut. Fernandez klingt mehr mexikanisch oder spanisch als indianisch, aber mein Vater hatte trotzdem einen Schuß indianisches Blut. Allerdings haben wir nie unter Indianern gelebt, wie manche Mischlinge. Wir haben immer in Städten gewohnt."

Der Junge trug Überziehhosen und ein altes kariertes Jakkett, das sein Vater abgetragen hatte; wenn es nicht so schlecht gesessen hätte, dann hätte es einen Mantel für das Kind abgeben können. Die Ärmel waren abgeschnitten, damit sie ihm paßten, das war alles. Die Taschen saßen außer Reichweite, und der Junge mußte sich die Hände reiben, um sie warm zu halten. Es war jetzt vormittags gegen elf Uhr.

Donalds Vater war in den Laden gegangen. Nun würde er sicher bald herauskommen; und dann gingen sie heim, und dann gab Mutter Alice etwas von dem Zeug – Milch und Medizin –, und dann hörte Alice auf zu weinen und zu husten, und die Eltern hörten auf zu streiten.

Der Laden war Haggertys Bar. Sie hatte einen Eingang an der Ecke und einen anderen an der Seitenstraße. Harry Efaw hatte den Ausgang nach der 37. Straße benutzt, fünf Minuten nachdem er hineingegangen war. Er hatte den Jungen auf der Straße nicht vergessen, er wollte nur eine Weile weg von ihm, und auch weg von den andern. Er hatte einen kleinen Schuß Korn getrunken, der zu viel gekostet hatte, das war alles. Er hatte einen Vierteldollar gekostet, und das war zu viel für einen Schuß Korn. Er hatte das Getränk hinuntergekippt und war aus dem Lokal gelaufen und weggegangen; er wollte nach ein paar Minuten zurückkommen und den Jungen abholen und dann Lebensmittel und Medizin kaufen und nach Hause gehen, um zu sehen, ob etwas gegen die Krankheit des kleinen Mädchens zu tun sei, aber irgendwie war er einfach immer weitergegangen.

Endlich trat Donald in den Laden und bemerkte, daß er anders war als jeder andere Laden, den er gesehen hatte. Der Mann in der weißen Jacke sah ihn an und sagte: „Du darfst nicht hier herein. Geh nach Hause."

„Wo ist mein Vater?"

„Ist der Vater dieses Jungen hier im Hause?" rief der Mann, und alle Leute im Lokal, es waren sieben Männer, drehten sich um und sahen Donald an.

Sie sahen ihn nur einen Augenblick an, dann fuhren sie fort zu trinken und zu reden.

„Wer auch dein Vater ist", sagte der Mann, „hier ist er nicht ..." „Harry", sagte Donald. „Harry Efaw."

„Ich kenne niemand der Harry Efaw heißt. Los, geh nach Hause"!

„Er sagte mir, ich soll draußen eine Minute warten."

„Ja, ich weiß. Na ja, hier kommen viele Leute her, die bloß ein Glas trinken und dann gehen. Ich glaube, er hat's auch so gemacht. Wenn er dir gesagt hat, du sollst draußen warten, dann tu's lieber. Du kannst nicht hier drin bleiben."

„Draußen ist es kalt."

„Ich weiß, daß es draußen kalt ist", sagte der Barkellner. „Aber du kannst hier nicht bleiben. Warte draußen, wie's dir dein Vater gesagt hat, oder geh nach Hause."

„Ich weiß nicht wie", sagte der Junge.

„Weißt du die Adresse?"

Offenbar verstand der Junge den Sinn der Frage nicht, und so versuchte es der Barkellner auf andere Art.

„Weißt du die Nummer von eurem Haus, und den Namen der Straße?"

„Nein. Wir kamen zu Fuß. Um Medizin für Alice zu holen."

„Ja, ich weiß", sagte der Mann geduldig. „Und ich weiß auch, daß es draußen kalt ist, aber es ist besser, du gehst trotzdem hier heraus. Ich darf keine kleinen Jungens in dies Lokal kommen lassen."

Ein schwächlicher Mann von etwa sechzig, der mehr als habbetrunken und halbtot war, stand von seinem Tisch auf und ging auf den Barkellner zu.

„Ich würde den Jungen gern nach Hause bringen, wenn er mir den Weg zeigt."

„Setzen Sie sich wieder", sagte der Barkellner. „Der Junge weiß den Weg nicht."

„Vielleicht doch", sagt der Mann. „Ich habe selbst Kinder gehabt, und die Straße ist kein Platz für kleine Jungen. Ich bringe ihn wirklich gerne nach Hause zu seiner Mutter."

„Ich weiß", sagte der Barkellner. „Aber setzen Sie sich wieder hin."

„Ich bringe dich heim, Jungchen", sagte der alte Mann.

„Setzen Sie sich hin." Der Barkellner schrie es fast, und der alte Mann drehte sich erstaunt um.

„Für was halten Sie mich überhaupt?" fragte er leise. „Der

Junge hat Angst bekommen und friert und braucht seine Mutter."

„Wollen sie sich bitte hinsetzen?" sagte der Barkellner. „Ich weiß alles von dem Jungen. Und Sie sind schon gar nicht der Mann, um ihn nach Hause zu seiner Mutter zu bringen."

„Jemand muß ihn doch nach Hause zu seiner Mutter bringen", sagte der alte Mann leise, dann rülpste er. Er steckte in abgetragener und derber Kleidung von der Art, die man – das wußte der Barkellner – von Wohlfahrtsverbänden bekommt. Er besaß vermutlich noch dreißig oder vierzig Cents für Bier, Geld, das er sich höchstwahrscheinlich erbettelt hatte.

„Es ist der dritte Tag nach Weihnachten; keiner von uns hat das Recht, einfach zu vergessen, daß man so einem kleinen Burschen nach Hause helfen muß!"

„He, was ist eigentlich los?" fragte ein anderer Trinker von seinem Platz her.

„Nichts ist los", sagte der Barkellner. „Der Vater dieses Jungen hat zu ihm gesagt, er soll draußen auf ihn warten – das ist alles." Der Mann wandte sich an Donald Efaw. „Wenn du nicht weißt, wie du nach Hause kommst, dann warte eben draußen, wie's dein Vater gesagt hat; sicher kommt er bald zurück und nimmt dich mit nach Hause. Nun mach voran – geh raus!"

Der Junge verließ das Lokal und begab sich wieder dorthin, wo er schon über eine Stunde gestanden hatte. Der alte Mann ging dem Jungen nach. Der Barkellner schwang sich über die Bar, griff vor der Schwingtür den Alten bei den Schultern, drehte ihn herum und führte ihn zurück zu seinem Stuhl.

„Jetzt setzen Sie sich", sagte er sanft. „Es steht Ihnen nicht zu, sich Gedanken über den Jungen zu machen. Kümmern Sie sich um sich selbst. Ich werde dafür sorgen, daß ihm nichts passiert."

„Für was halten Sie mich überhaupt?" sagte der alte Mann wieder.

Mit einem kurzen Blick die Straße auf und nieder wandte sich der Barkellner, ein kleiner, gedrungener Ire, Anfang Fünfzig, an der Schwingtür um und sagte: „Haben Sie in letzter Zeit einmal in den Spiegel gesehen? Sie würden nicht bis zur nächsten Ecke kommen, mit dem kleinen Jungen an der Hand."

„Warum nicht?" fragte der alte Mann.

„Weil Sie nicht wie der Vater irgendeines kleinen Jungen aussehen oder wie ein Großvater oder Freund oder sowas."

„Ich hatte selbst Kinder", sagte der Alte leise.

„Ich weiß", sagte der Barkellner. „Aber sitzen Sie bloß still. Manche Leute dürfen eben nett zu Kindern sein, und manche nicht. Das ist alles."

Er brachte eine Flasche Bier zum Tisch des alten Mannes und stellte sie neben sein leeres Glas.

„Hier ist eine Flasche auf meine Rechnung", sagte er. „Ich darf zu alten Leuten, wie Sie einer sind, gelegentlich nett sein, und Sie dürfen gelegentlich zu Barkellnern, wie ich einer bin, nett sein. Aber Sie dürfen nicht nett sein zu einem kleinen Burschen, dessen Vater wahrscheinlich in einem Lokal hier in der Nähe ist. Sitzen Sie lieber still und trinken Sie Ihr Bier."

„Ich brauche Ihr dreckiges Bier nicht", sagte der alte Mann. „Und Sie können mich nicht gefangen halten in Ihrer dreckigen Bar."

„Bleiben Sie bloß still sitzen, bis der Vater des Jungen kommt und ihn nach Hause bringt, dann können Sie so schnell Sie wollen hier heraus."

„Ich will aber jetzt hier raus", sagte der alte Mann. „Ich brauche von niemand in der ganzen Welt Schimpfworte einzustecken. Wenn ich Ihnen mal was darüber erzählte, wer ich bin, ich glaube, dann würden Sie nicht so zu mir sprechen, wie Sie gesprochen haben."

„Gut, gut", sagte der Barkellner. Er wollte nicht, daß ihm die Sache aus der Hand glitt, er wollte keinen Krach, und er spürte, daß er den Alten im Guten davon abbringen konnte, dem Jungen durchaus helfen zu wollen. „Erzählen Sie mir was darüber, wer Sie sind, und vielleicht sprech ich dann ganz anders zu Ihnen, nicht so wie jetzt."

„Das würden Sie sicher, sag ich Ihnen!" sagte der alte Mann.

Der Barkellner war froh, als er sah, daß der Alte sich Bier in sein Glas goß. Er beobachtete, wie er das erste Drittel des Glases austrank, und dann sagte der alte Mann: „Mein Name ist Algayler, ja, das ist mein Name."

Er trank noch etwas Bier, und der Barkellner wartete, daß er weiterspräche. Er stand jetzt am Ende der Theke, so daß er ein Auge auf den Jungen auf der Straße haben konnte. Das Kind rieb die Hände aneinander, aber sonst fehlte ihm offenbar nichts. Es war ein Junge, der durch Härten aller Art zäh geworden war, und das Warten auf der Straße, bis der Vater käme, würde ihm nicht übermäßig viel anhaben können.

„Algayler", sagte der alte Mann wieder, und er sprach leise weiter. Der Barkellner konnte nicht hören, was er dann sagte, aber das machte nichts, denn er wußte, daß der Alte von jetzt an in Ordnung war. Er hatte wieder völlig zu sich selbst zurückgefunden.

Eine Frau, die schon etwa eine Woche jeden Tag am Mittag in die Bar kam, trat ein mit einem Foxterrier an der Leine und sagte: „Draußen steht ein kleiner Junge vor der Tür – in der Kälte! Zu wem gehört er denn?"

Die Frau biß die falschen Zähne zusammen, als sie die Trinker musterte, und der Hund tanzte um ihre Füße, um sich an die Wärme des Lokals zu gewöhnen.

„Ihm fehlt nichts", sagte der Barkellner. „Sein Vater macht eine Besorgung. Er wird jede Minute zurückkommen."

„Er täte gut daran, in einer Minute zurückzukommen“, sagte die Frau. „Wenn ich etwas nicht ausstehen kann, dann ist es ein Vater, der seinen Jungen auf der Straße rumstehen läßt!“

„Algayler.“ Der alte Mann drehte sich um und sprach mit sehr lauter Stimme.

„Was sagen Sie zu mir. Sie betrunkener alter Strolch?“ sagte die Frau. Der Hund ging auf den alten Mann zu, strammte die Leine und bellte ein paar Mal.

„Es ist nichts Schlimmes“, sagte der Barkellner höflich. „Er hat nur seinen Namen gesagt.“

„Na, dann ist es ja in Ordnung, wenn er nichts anderes gesagt hat“, meinte die Frau und biß ihre falschen Zähne wieder zusammen. Auch der Hund beruhigte sich ein wenig, mußte aber immer noch wegen der Wärme herumtanzen. Er trug eine kleine Schabracke, die sie ihm bei kaltem Wetter immer anzog, aber die nützte seinen Pfoten nichts, und seine Pfoten waren es, die die Kälte am meisten spürten.

Der Barkellner goß Bier für die Frau in ein Glas, und sie begann, an der Bar stehend, zu trinken. Schließlich kletterte sie auf einen Barstuhl, um sich's gemütlich zu machen, und der Hund hörte auf zu tanzen, um herumzuschnüffeln.

Der Barkellner brachte Algayler eine weitere Flasche Freibier, und ohne ein Wort, ja, ohne einen Blick waren beide übereingekommen, auf dieser Basis Frieden zu halten.

Ein Mann von etwa fünfunddreißig, dessen Gesicht und sauber geschnittenes Bärtchen irgendwie bekannt schienen, trat von der Tür zur siebenunddreißigsten Straße her ein und forderte einen Schluck Bourbon; der Barkellner schenkte ein und fragte darauf so leise, daß kein anderer ihn hören konnte: „Das ist doch sicher nicht Ihr Sohn, der da draußen steht, nicht wahr?“

Der Mann hatte das kleine Glas an die Lippen gehoben und dabei angeschaut, aber nun, nachdem er die Frage gehört hatte, sah er vom Glas auf zum Barkellner, schluckte schnell hinunter und ging wortlos zum Fenster, um einen Blick auf den Jungen zu werfen. Schließlich wandte er sich nach dem Barkellner um und schüttelte den Kopf. Er forderte noch ein Glas und trank es aus, dann ging er hinaus und an dem Jungen vorbei, ihn kaum beachtend.

Nachdem Algayler seine zweite Flasche Bier ausgetrunken hatte, begann er auf seinem Stuhl vor sich hinzudösen, und die Frau mit dem Foxterrier fing an, dem Barkellner etwas von ihrem Hund zu erzählen.

„Ich habe Tippy, seit er lebt", sagte sie, „und wir sind die ganze Zeit zusammengewesen. Jede Minute!"

Ein Mann unter Dreißig in ziemlich guter Kleidung kam um Viertel nach zwölf herein und bestellte sich einen Johnny Walker. Schwarzes Etikett, auf Eis und mit einem Glas Wasser, entschied sich dann rasch für Rotes Etikett, und als er ausgetrunken hatte, fragte er: „Wo ist der Fernsehapparat?"

„Wir haben keinen."

„Keinen Fernsehapparat?" fragte der Mann aufgeräumt. „Ja, was ist denn das für'n Laden? Ich wußte nicht, daß es in ganz New York ‚ne Bar gibt, die keinen Fernsehapparat hat. Was sehen sich die Leute denn hier drin an?"

„Wir haben bloß einen Musikautomaten."

„Gut, also okay", sagte der Mann. „Wenn das alles ist, was Sie haben, dann ist es eben alles. Was möchten Sie gern hören?"

„Ganz nach Ihrem Belieben."

Der Mann studierte die Titel der verschiedenen Platten, die im Automaten waren, und sagte dann: „Wie wär's mit Benny Goodmann – Jingle Bells?"

„Wie Sie wünschen", sagte der Barkellner.

„Okay", sagte der Mann und steckte einen Nickel in den Schlitz, „also Jingle Bells."

Der Automat lief an, während sich der Mann wieder an

die Bar setzte und der Barkellner ihm noch ein Glas Rotes Etikett über Eis mischte. Die Musik begann, und nachdem der Mann einen Augenblick zugehört hatte, sagte er: „Das ist nicht Jingle Bells, das ist etwas anderes."

„Sie haben auf die falsche Nummer gedrückt."

„Na", sagte der Mann freundlich, „spielt keine Rolle. Spielt keine Rolle. Das da ist auch keine schlechte Nummer."

Der Junge kam wieder herein, aber der Musikautomat machte zu viel Lärm – der Barkellner konnte ihm nicht sagen, er solle hinausgehen, ohne ihn anzuschreien, und so ging er hinüber zu dem Jungen und führte ihn hinaus auf die Straße.

„Wo ist mein Vater?" sagte Donald Efaw.

„Er wird jede Minute zurück sein. Warte nur hier draußen!"

So ging es weiter bis halb drei, als es anfing zu schneien. Der Barkellner paßte einen geeigneten Augenblick ab, um hinauszugehen und den Jungen hereinzuholen. Er machte kleine Abstecher in die Küche und holte dem Kind etwas zu essen. Der Junge saß auf einer Kiste hinter der Theke, so daß ihn niemand sehen konnte, und aß von dem Deckel einer zweiten Kiste.

Nachdem er gegessen hatte, wurde er schläfrig und nun machte ihm der Barkellner ein Lager auf ein paar leeren Bierkästen, wo er sich ausstrecken konnte; er benutzte seinen Mantel als Matratze und drei alte Schürzen aus dem Wäschebeutel und sein Jackett als Decke. Sie hatten beide kein Wort gesprochen, er und der Junge, seit er ihn hereingebracht hatte, und als das Kind sich jetzt ausstreckte und am Einschlafen war, lächelte und weinte es beinahe gleichzeitig.

Die morgendlichen Trinker waren weggegangen, mit ihnen Algayler und die Frau mit den falschen Zähnen und dem Foxterrier, und das einkehrende Publikum wechselte ein weiteres Mal, während der Junge immer noch schlief.

Es war Viertel vor fünf, als er sich aufrichtete. Er erinnerte sich schnell an den Barkellner, aber sie sprachen wieder nicht. Er setzte sich auf, als wäre er zu Hause in seinem Bett, träumte zehn Minuten mit offenen Augen und stieg dann herunter.

Jetzt war es draußen dunkel, und es schneite so heftig wie bei einem Unwetter. Der Junge betrachtete einen Augenblick den Schnee, dann wandte er sich um und sah zu dem Barkellner auf.

„Ist mein Vater zurückgekommen?" fragte er.

„Noch nicht", sagte der Barkellner.

Er kniete sich zu dem Jungen, um mit ihm zu sprechen.

„In ein paar Minuten bin ich mit meiner Arbeit fertig, und wenn du mir euer Haus zeigen kannst, wenn du's siehst, werde ich versuchen, dich nach Hause zu bringen."

„Ist denn mein Vater nicht gekommen?"

„Nein, er ist nicht gekommen. Vielleicht hat er vergessen, wo er dich stehenließ."

„Er ließ mich doch hier", sagte der Junge, als wäre das etwas, was man unmöglich vergessen kann. „Direkt vor der Tür."

„Ich weiß."

Der Barkellner vom Nachtdienst kam in seiner weißen Jacke aus der Küche und sah den Jungen.

„Wer ist denn das, John? Eins von deinen Kindern?"

„Hmmm ja", sagte der Barkellner, der keine Lust hatte, dem andern auseinanderzusetzen, was geschehen war.

„Wo hat er denn den Rock her?"

Der Junge zuckte zusammen und sah zu Boden.

„Es ist ein alter Rock von mir", sagte der Barkellner. „Er hat natürlich einen eigenen, aber er will durchaus gerade diesen alten Rock tragen."

Der Junge blickte mit einem Mal zu dem Barkellner auf, überrascht.

„Ja, ja, John, so ist es nun einmal mit Kindern", sagte der

vom Nachtdienst, „immer wollen sie gerne so sein wie der Vater."

„Das stimmt", sagte der Barkellner.

Er legte seinen weißen Kittel ab und zog sein Straßenjakkett und seinen Mantel an und nahm den Jungen bei der Hand.

„Gute Nacht", sagte er, und sein Kollege wünschte ihm auch Gute Nacht und sah ihm nach, wie er mit dem Jungen auf die Straße trat.

Schweigend gingen sie drei Blocks weiter, dann traten sie in einen Drugstore und setzten sich an den Ladentisch.

„Schokolade oder Vanille?"

„Ich weiß nicht."

„Ein Schokoladen- und ein Vanille-Eiscreme-Soda", sagte der Barkellner zu dem Soda-Jungen, und als die Gläser auf der Theke standen, machte sich der Barkellner an das Vanille-Eis. Der Junge ließ sich das andere schmecken, und dann gingen sie wieder zusammen hinaus in den Schnee.

„So, nun versuch dich mal zu erinnern, in welcher Richtung du wohnst. Kannst du das wohl?"

„Ich weiß die Richtung nicht."

Der Barkellner stand im Schnee und versuchte sich klarzumachen, was er tun sollte, aber das war schwer, und er kam nicht weit.

„Also", sagte er schließlich, „was meinst du – willst du die Nacht zu Hause bei mir und meinen Kindern bleiben? Ich habe zwei Jungen und ein kleines Mädel. Wir machen dir ein Lager, wo du schlafen kannst, und morgen kommt dein Vater und holt dich ab."

„Kommt er?"

„Na sicher!"

Sie gingen weiter im lautlosen Schneetreiben, und dann hörte der Barkellner, wie der Junge leise zu weinen anfing. Er versuchte nicht, ihn zu trösten, weil er wußte, daß es für ihn keinen Trost gab. Aber der Junge ließ sich nicht gehen, er weinte nur ganz leise und ging mit seinem Freund weiter. Er hatte von Fremden gehört, und er hatte von Feinden gehört und war zu der Meinung gekommen, daß sie ein und dasselbe seien, aber hier war nun jemand, den er nie zuvor gesehen hatte und der doch weder ein Fremder noch ein Feind war. Trotzdem war es schrecklich einsam ohne seinen ewig gereizten Vater.

Sie fingen an, ein paar Stufen hinaufzusteigen, die mit Schnee bedeckt waren, und der Freund des Jungen sagte: „Siehst du, hier wohnen wir. Jetzt bekommen wir etwas Warmes zu essen, und dann kannst du dich schlafen legen, bis morgen, wenn dein Vater dich abholen kommt."

„Wann wird er kommen?" fragte der Junge.

„Morgen früh", sagte sein Freund.

Als sie in das beleuchtete Haus traten, sah der Barkellner, daß der Junge nicht mehr weinte – vielleicht würde er nie mehr weinen müssen.

V

Otfried Preussler

Vom wahren, vom wirklichen Bethlehem

An der zweiklassigen Volksschule von Nieder-Berzdorf hat damals der Herr Oberlehrer Johann Tschiedel unterrichtet, und zwar meistens die Kinder des dritten und vierten Schuljahrs gemeinsam in einer Klasse. Er ist weit und breit als besonders tüchtiger Lehrer bekannt gewesen, und weil sich das mit der Zeit herumgesprochen hat, so ist man schließlich sogar bei der kaiserlich königlichen Landesschulinspektion zu Prag auf den Gedanken gekommen, ob man nicht vielleicht den Herrn Oberlehrer Tschiedel zum k.k. Musterlehrer ernennen sollte.

Der Herr Oberlehrer Tschiedel in Nieder-Berzdorf hat von solchen Erwägungen seiner obersten Dienstbehörde allerdings nichts gewußt und auch nichts geahnt. Er hat seine Nieder-Berzdorfer Schulkinder gewissenhaft unterrichtet wie allezeit und nebenbei seinen kleinen Garten gehegt und die Bienenstöcke hinter dem Schulhaus versorgt. Der Herbst war gekommen, es ging auf den Winter zu. Die letzten Astern im Garten waren längst abgeschnitten, die Rosenbeete mit Reisig zugedeckt, die Bienenvölker nach allen Regeln der Imkerei eingewintert. Dann gingen die ersten Fröste über das Land, der erste Schnee fiel, und bald stand auch diesmal wieder das Weihnachtsfest vor der Tür.

Unterdessen hatte man sich bei der k.k. Landesschulinspektion in Prag endgültig dahin entschieden, den Herrn Oberlehrer Tschiedel vor der ins Auge gefaßten Beförderung ein letztes Mal visitieren zu lassen, und zwar zuständigkeitshalber durch den Herrn k.k. Bezirksschulinspektor

Richter in Reichenberg. Und weil man ja zur Genüge weiß, wie zeitraubend und beschwerlich der Dienstweg bisweilen sein kann, so wird man sich nicht darüber wundern dürfen, daß mittlerweile bereits die Weihnachtswoche angebrochen war, als der Herr k.k. Bezirksschulinspektor Richter endlich die amtliche Weisung in Händen gehalten hat, daß er unbedingt noch vor Ablauf des Jahres den Herrn Oberlehrer Tschiedel Johann in Nieder-Berzdorf einer dienstlichen Visitation unterziehen muß.

Am Tag vor dem heiligen Abend, dem letzten Schultag vor Weihnachten, ist es bitterkalt gewesen. Da hat er sich in der Frühe von einem Pferdeschlitten nach Nieder-Berzdorf hinausfahren lassen, der Herr Inspektor aus Reichenberg. Es haben sich ja die beiden Herren seit langem gekannt und geschätzt, und der Herr Bezirksschulinspektor Richter hat zum Herrn Oberlehrer Tschiedel ausdrücklich gesagt, daß es sich wirklich nur um eine bloße Formalität handelt, wenn er ihn heute weisungsgemäß besuchen kommt. Die Schulkinder des dritten und vierten Schuljahres, sechzehn Jungen und neunzehn Mädchen, sind in den Dreierbänken gesessen wie hingemalt, und es ist eine wahre Freude gewesen, wie brav und eifrig sie sich verhalten haben im Unterricht.

In der Rechenstunde, beim Kopfrechnen mit dem kleinen und großen Einmaleins, hat es von richtigen Antworten nur so geschnurrt. Und wie der Herr Oberlehrer Tschiedel dann zu den Textbeispielen übergegangen ist, da hatte er für den letzten Schultag vor Weihnachten lauter Rechnungen vorbereitet, die haben allesamt mit dem lieben Christfest zu tun gehabt, mit der Weihnachtsbäckerei und mit Äpfeln und Nüssen und Hutzelbirnen. Den Kindern hat diese Rechnerei großen Spaß gemacht, und hinten, im Lehnstuhl neben dem Ofen, da hat sich der Herr k.k. Bezirksschulinspektor Richter schon vorsorglich ein paar lobende Anmerkungen für den Visitationsbericht aufnotiert. Die zweite

Stunde ist eine Rechtschreibstunde gewesen, da hat der Herr Oberlehrer Tschiedel mit seinen Schulkindern die Wortfamilie „Weihnachten" durchgenommen, wobei sie gelernt und begriffen haben, weshalb man Weihnachten und alles, was sonst noch mit dem Zeitwort weihen zusammenhängt, mit einem h nach dem ei zu schreiben hat. Und zwar ist das in diesem Fall kein Dehnungs-h, weil es bekanntlich nach Doppelselbstlauten keine Dehnung gibt, sondern ein Herkunfts-h, als besonderes Merkmal der ganzen Familie. Auch mit dem Verlauf dieser zweiten Stunde hat der Herr k.k. Bezirksschulinspektor außerordentlich zufrieden sein können, und das hat er dem Herrn Oberlehrer Tschiedel während der anschließenden Pause auch ausdrücklich zu verstehen gegeben.

Die dritte und letzte Visitationsstunde ist dann der deutschen Sprachlehre vorbehalten gewesen. Um genau zu sein: der Betrachtung und Anwendung von Wenn-dann-Sätzen unter besonderer Einübung der entsprechenden Beistrich-Regel. Allerdings hat die Stunde zunächst überhaupt nicht so angefangen, daß man sich hätte vorstellen können, was daraus einmal werden soll. Nämlich fürs erste hat der Herr Oberlehrer den Schulkindern lediglich eine Weihnachtsgeschichte erzählt, und zwar die Geschichte von einem gewissen Felix aus Wurzelsdorf, welcher zwar kein besonders braver, jedoch ein guter Junge gewesen ist. Und der Herr Tschiedel hat die Geschichte genau bis dorthin erzählt, wo in der heiligen Nacht der kleine Engel beim Felix ans Fenster klopft und ihn auffordert, mitzukommen nach Bethlehem. Hier aber, wo die Geschichte vom Felix besonders spannend wird, hat der Herr Tschiedel sie einfach abgebrochen. Was nämlich weiter geschehen ist, meinte er, das alles werden sich ja die Kinder mit Leichtigkeit ausmalen können, wenn sie sich vorstellen, daß ihnen selber zu nächtlicher Stunde ein kleiner Engel durchs Fenster zuruft, sie sollen mit ihm nach Bethlehem kommen, zur Krippe im Stall ...

Wie er das kaum gesagt hat, da haben sich sämtliche Kinder zur Antwort gedrängt, selbst der Appelt Willi aus dem dritten und die Bienert Rosl aus dem vierten Schuljahr, welche sich üblicherweise am Unterricht äußerst sparsam beteiligen: die Rosl aus angeborner Schüchternheit, und der Willi, wir müssen es leider sagen, weil er nicht eben ein Ausbund an überschäumender Klugheit gewesen ist. Und so hätten die Kinder am liebsten jetzt alle gleichzeitig losgelegt, denn samt und sonders hatten sie viel zu sagen zu dieser Frage. Es hätte indessen der Herr Oberlehrer Tschiedel nicht der Herr Oberlehrer Tschiedel sein dürfen, wenn es ihm nicht gelungen wäre, die Kinder zur Ruhe zu bringen.

Was tut er? Er nimmt die Kreide zur Hand und schreibt an die Wandtafel: „Wenn ich dem Engel nach Bethlehem folgen darf", und dann hat er mit roter Kreide hinter das Zeitwort „darf" einen dicken Beistrich gesetzt und mit weißer Kreide drei Punkte hinzugefügt. Ausgenommen den Appelt Willi, haben die Kinder sogleich verstanden gehabt, was das soll. Und nun haben sie, wie gewünscht, die Wenn-dann-Sätze unter Berücksichtigung der Beistrichregel eingeübt. Zuerst hat ausgerechnet die Bienert Rosl immer vorlesen dürfen: „Wenn ich dem Engel nach Bethlehem folgen darf", hierauf haben die übrigen Kinder gemeinsam „Beistrich!" gerufen, und nun haben sie einzeln fortfahren dürfen, jeweils ein Junge im Wechsel mit einem Mädchen. „... dann zieh ich mir warme Kleider an", hat der Krause Reini gesagt. Und die Rückert Mariechen hat sich vernehmen lassen: „... dann binde ich mir das wollene Kopftuch um."

In dieser Art ist es weitergegangen. Die Kinder haben fürs erste davon berichtet, wie sie sich für den Weg nach Bethlehem anziehen werden, nämlich so warm wie möglich. Und hierauf haben sie sich darüber Gedanken gemacht, welche Geschenke sie mitnehmen wollen zur Krippe: Ein Federbett für das liebe Jesulein, Handschuhe für die Muttergottes, und für den heiligen Josef ein Paar warme Filzpotschen für die Füße. Andere haben Tannenzapfen und Reisig, Kienholz und Buchenscheiter mitbringen wollen, damit die heilige Familie genug zum Heizen hat. Und die Ressel Anni hat sogar gemeint, sie wird der Muttergottes und dem heiligen Josef einen schönen heißen Kaffee kochen, dort im Stall, damit sie sich daran aufwärmen können.

Dies alles ist Schlag auf Schlag gegangen, stets mit dem „Beistrich!"-Ruf an der richtige Stelle. Und eigentlich hätte der Herr k.k. Bezirksschulinspektor vom Verlauf dieser Unterrichtsstunde mindestens ebenso begeistert sein müssen wie die Schulkinder – aber je weiter die dritte und letzte Visitationsstunde ihren Fortgang genommen hat, desto erschreckender ist an den Tag gekommen, daß sich die Nieder-Berzdorfer Schuljugend von den Gegebenheiten im biblischen Städtchen Bethlehem ein absolut unzutreffendes Bild macht. Und weil der Herr Oberlehrer Tschiedel keinerlei Anstalten getroffen hat, den irrtümlichen Vorstellungen seiner Schülerinnen und Schüler entgegenzutreten, so ist dem Herrn Schulinspektor Richter nichts anderes übriggeblieben, als daß er persönlich sich in den Unterricht einschalten müssen hat.

Er ist also aus dem Lehnstuhl neben dem Ofen aufgestanden, hat sich unter mehrmaligem Räuspern nach vorne zur Tafel begeben und hat zum Herrn Oberlehrer Tschiedel gesagt: „Erlauben Sie, Herr Kollege, daß ich die Weiterführung der Stunde von jetzt an selbst übernehme." Und dann hat er sich an die Kinder gewandt, mit den Worten: „Aus allem, was ich bisher gehört habe, mußte ich leider den Eindruck gewinnen, daß euer Wissen in biblischer Hinsicht ungemein dürftig ist. Ihr tut ja nicht anders, als möchte das Städtchen Bethlehem irgendwo hier in der Nähe liegen – sagen wir zwischen Kratzau und Machendorf. Dem aber ist nicht so!"

Und nun hat er den Nieder-Berzdorfer Schulkindern beizubringen versucht, wie man das biblische Bethlehem sich gefälligst vorzustellen hat. Daß es dort weder Schnee gibt noch Eis, so daß man sich keineswegs Stroh in die Schuhe zu stopfen braucht wegen der Winterskälte; nämlich man geht dort barfuß, oder man trägt Sandalen zu leichter morgenländischer Kleidung. Und selbstverständlich gibt es im Krippenstall keinen Ofen, den man mit Tannenzapfen und Holzscheitern heizen müßte, um beispielsweise Kaffee zu kochen darauf. Und so ist er nach besten Kräften bemüht gewesen, den Schülerinnen und Schülern ein wahrheitsgetreues Bild vom biblischen Bethlehem zu vermitteln – mit dem Erfolg, daß die Kinder darüber ganz kleinlaut und traurig geworden sind, nämlich das biblische Bethlehem hat nicht halb so lieb und vertraut ihnen vorkommen wollen als ihr bisheriges, welches ungefähr zwischen Kratzau und Machendorf hätte liegen können.

Wie dann der Herr Inspektor der Meinung gewesen ist, daß alles genugsam erklärt und richtiggestellt sei, hat er die Kinder aufgefordert, in der Einübung der Wenn-dann-Sätze fortzufahren, jetzt aber, wohhlbemerkt, auf der Grundlage dessen, was er soeben vom wahren, vom biblischen Bethlehem ihnen berichtet habe. „No? Wer traut sich und macht den Anfang?"

Aber die Nieder-Berzdorfer Schulkinder haben sich nicht getraut. Die haben mit hängenden Köpfen in ihren Dreierbänken gesessen und keinen Mucks getan. Bloß der Appelt Willi hat von den Worten des Herrn Inspektors sich nicht beirren lassen, weil er vermutlich sie ohnehin nicht verstanden hat; und so hat er sich also in aller Unschuld gemeldet. Und wie ihn der Herr Inspektor aufruft, da kann der Willi ihn endlich loswerden, den mit beträchtlicher Anstrengung von ihm vorbereiteten Satz, indem er mit halbgeschlossenen Augen und fester Stimme hinausposaunt: „Wenn ich dem Engel nach Bethlehem folgen darf – Beistrich! –, dann tu ich dem heiligen Josef eine große Flasche

Schnaps mitnehmen, damit er sich keinen Schnupfen holten tut, bei der Hundekälte!"

Weitere Übungssätze sind von den Nieder-Berzdorfer Schulkindern nicht zu haben gewesen an diesem Vormittag. Und weil ohnehin mittlerweile das Ende der dritten und letzten Stunde gekommen war, hat der Herr Oberlehrer Tschiedel das Beste getan, was er tun konnte: er hat seine Geige hervorgeholt und hat mit den Kindern zweistimmig „O du fröhliche" gesungen. Dann haben die Kinder im Chor „Gesegnete Weihnachten, Herr Oberlehrer!" gerufen, und anschließend, auf einen ausdrücklichen Wink von Herrn Tschiedel hin, auch noch: „Gesegnete Weihnachten, Herr k.k. Bezirksschulinspektor!"

No – gesegnete Weihnachten! Wie er am zeitigen Nachmittag wieder nach Hause gekommen ist, der Herr k.k. Bezirksschulinspektor Richter, da hat er sogleich sich im Wohnzimmer an den Schreibtisch gesetzt und hat damit anfangen wollen, den Visitationsbericht zu Papier zu bringen: vorerst nur im Entwurf, versteht sich. Aber die Frau Bezirksschulinspektor hat es dazu nicht kommen lassen, nämlich sie hat eine Menge von Sachen gehabt, die alle noch unbedingt vor den Feiertagen haben erledigt sein müssen, beispielsweise der Einkauf des Weihnachtskarpfens und dessen Abschlachtung, der Erwerb und die Aufstellung eines Christbaums in angemessener Größe sowie der Versand von Festtagsgrüßen an den Herrn Bürgermeister und einige weitere hochgestellte Persönlichkeiten in der Stadt Reichenberg. „Du wirst nicht von mir verlangen können, daß ich das alles alleine mache", hat sie gesagt. Und demzufolge hat sich der Herr Inspektor dazu entschließen müssen, daß er die Konzipierung des Visitationsberichtes auf morgen verschiebt, das heißt: auf den Tag vor dem heiligen Abend.

Da ist dann der Karpfen bereits geschlachtet gewesen, der Christbaum war glücklich aufgestellt und geschmückt, und die gestern noch mit der Abendpost aufgegebenen Glückwünsche mußten inzwischen die Adressaten bereits erreicht haben. In der Zeit vor dem Nachtmahl erst, während die Frau Inspektor sich in der Küche der Zubereitung des Weihnachtskarpfens gewidmet hat, ist es dem Herrn Inspektor dann möglich geworden, wenigstens jenen Teil des Berichtes zu konzipieren, der ihm das meiste Kopfzerbrechen bereitet. Nämlich bei aller Würdigung dessen, was der Herr Tschiedel an ungewöhnlichem Fleiß und Lehrgeschick an den Tag legt, wird man doch leider die Tatsache nicht verschweigen dürfen, daß er es mit der biblischen Unterweisung der Jugend nicht übermäßig genau nimmt.

Es muß hier, zur Ehre des Herrn k.k. Bezirksschulinspektors Richter, mit allem Nachdruck vermerkt werden, daß ihm sogar die entwurfsweise Niederschrift des bewußten Abschnittes überaus schwergefallen ist. Und so hat er die Feder nur allzu gern aus der Hand gelegt, wie dann die Frau Inspektor nach ihm gerufen hat, weil inzwischen der Tisch gedeckt und der Karpfen fertig gewesen ist.

Nach dem Weihnachtsmahl und der Bescherung hat dann der Herr Inspektor es sich im Lehnstuhl bequem gemacht, und während die Frau Inspektor ein wenig Klavier gespielt hat, hat sich der Herr Inspektor zwei Stamperln Karlsbader Becherbitter genehmigt, das doppelte Quantum wie sonst. Daran anschließend ist man zu Bett gegangen, ein bissel später als üblich, weshalb denn die Frau Inspektor nach wenigen Atemzügen bereits entschlummert ist. Hingegen vermochte der Herr Inspektor, trotz zweifachen Becherbitters, beim besten Willen nicht einzuschlafen. Nämlich mit einem Mal ist ihm der Visitationsbericht wieder eingefallen, den er ja nach den Feiertagen abschicken müssen wird. Deshalb hat er sich in Gedanken den Ablauf der fraglichen Unterrichtsstunde noch einmal vergegenwärtigt. Und wie er zu jener Stelle gekommen ist, wo von dem kleinen Engel die Rede gewesen war, der ans Fenster geklopft hat – was mußte er da plötzlich hören, der Herr Inspektor? Er hört, wie ein Engel bei ihm an die Schlafzimmertüre klopft! Und er sieht, wie der Engel zu ihm hereinschwebt: ein großer, ein ausgewachsener Engel mit wallendem Haupthaar und herrlich geschwungenen Fittichen.

„Kommen Sie, bittschön, mit mir nach Bethlehem", fordert der Engel ihn auf. Und wie nun der Herr Inspektor zum Kleiderschrank eilen will, um sich anzukleiden, mit Frack und Zylinder, wie er's dem festlichen Anlaß schuldig zu sein vermeint: da stellt sich der Engel ihm kopfschüttelnd in den Weg. „Was soll's?" fragt er, auf den Spiegel überm Frisiertisch der Frau Inspektor deutend. Und siehe, wie der Herr Richter sich darin anblickt, da ist er mit einer von jenen leichten morgenländischen Trachten bekleidet gewesen, wie er sie von den Anschauungsbildern zur biblischen Unterweisung kennt. Und es wundert ihn nicht im mindesten, daß er zu solcher Gewandung nicht die gewohnten Schuhe, sondern Sandalen trägt.

„Nun?" fragt der Engel. „Sind Sie bereit, Herr k.k. Bezirksschulinspektor?" Und ohne daß er die Antwort abwartet, nimmt er den guten Mann in die Arme und schwingt sich mit ihm durchs Fenster hinaus, in die heilige Nacht. Dann fliegt er mit ihm dahin, daß es nur so rauscht und braust. Gleich, denkt der Herr Inspektor, gleich sind wir in Bethlehem! Und schon meint er, tief unten die Palmen und Feigenbäume zu sehen, die weißen Häuser des biblischen Städtchens, die flachen, im Mondlicht schimmernden Dächer ...

Was aber sieht er in Wirklichkeit, wie er näher hinschaut? Er sieht ein verschneites Tal, von verschneiten Fichtenwäldern gesäumt, mit verschneiten Häusern und Hütten im heimischen Blockwandbau – und darüber den Weihnachtsstern. Ist das Bethlehem? „Ja", sagte der Engel zum Herrn Inspektor. „Ja, das ist Bethlehem."

Damit hat er ihn drunten abgesetzt, vor dem Stall mit der

Krippe: in leichter morgenländischer Tracht, wie gesagt, und mit ebenso leichten Sandalen in morgenländischer Art, wie wir gleichfalls bereits gehört haben. Und es ist kalt gewesen in Bethlehem, bitterkalt. Tiefster Winter, kurzum, voller Eis und Schnee. Mit Eiszapfen, die vom Dach des Stalles herabhängen, starr und schwer. Sie funkeln und glänzen im Licht des Weihnachtssterns. Und Gesang ertönt aus der Höhe, Chorgesang. Auf dem Dachboden über der Krippe, da hat sich der Reichenberger Deutsche Lehrerinnen- und Lehrergesangsverein Silcher postiert gehabt, und nun singen sie dort im gemischten Chor, jedoch warm gewandet, erlesene Weihnachtslieder. Und unten, neben der Krippe: wer kniet da inmitten der Schar seiner Nieder-Berzdorfer Schulkinder, ausgestattet mit einem pelzgefütterten Überzieher nebst dito Mütze – no wer schon?

Andächtig kniet er da, vor dem lieben Jesulein und der Muttergottes, der Herr Oberlehrer Johann Tschiedel aus Nieder-Berzdorf. Und es dauert eine ganze Weile, bis er den Herrn k.k. Bezirksschulinspektor Richter bemerkt, welchen es jämmerlich friert in der leichten morgenländischen Tracht. Dann aber, wie er zufällig ihn erblickt hat, der gute Herr Tschiedel, da gibt er sogleich seinen Schulkindern einen Wink. Und jetzt nimmt sich die Bienert Rosl des frierenden Herrn Inspektors an. „Bittschön", sagt sie, bei aller ihr angeborenen Schüchternheit. „Ob sich der Herr Inspektor nicht bissel aufwärmen kommen möchten?"

Dann nimmt sie ihn bei der Hand und führt ihn zum Ofen, die Bienert Rosl. Die Nieder-Berzdorfer Schuljugend hat ja dafür gesorgt, daß genügend Heizstoff vorhanden ist. Nicht genug damit. Nämlich die Ressel Anni hat auf dem Ofen einen Kaffee gekocht, heiß und stark: davon bietet sie eine Tasse dem Herrn Inspektor an. Und der Appelt Willi, wie angekündigt, hat eine Flasche Schnaps von zu Hause mitgebracht, den flößt er dem Herrn Inspektor schluckweise ein, bis es ihm davon wärmer und immer wärmer wird. Und im Kopf, mit Verlaub gesagt, wird es ihm immer unbestimmter davon, gleichsam als möchte er sich allmählich benebeln, von innen her.

Aber dem lieben Jesulein in der Krippe, dem hat er trotzdem noch seine Aufwartung machen können, der Herr Inspektor: in Würde, das sei gesagt, ohne jegliche, noch so geringe Schwankung von Leib und Seele. Danach aber, wie er den Segen empfangen hatte, sind ihm die Sinne geschwunden – und niemand wird sagen können, woran das gelegen hat: ob an der Segensfülle oder am Appelt Willi aus Nieder-Berzdorf und seinem Schnaps oder sonst woran.

Wie er jedenfalls aufgewacht ist, am heiligen Weihnachtsmorgen, da hat der Herr k.k Bezirksschulinspektor Richter in Reichenberg nichts Eiligeres zu tun gehabt, als daß er den gestern entwurfsweise niedergeschriebenen Visitationsbericht in den Ofen gesteckt und verbrannt hat.

Nämlich das wird man zwar, leider Gottes, der k.k. Landesschulinspektion zu Prag kaum beibringen können: falls aber er, der Herr k.k. Bezirksschulinspektor Richter in Reichenberg, einigermaßen zutreffend unterrichtet ist, scheint in der Tat das wahre, das wirkliche Bethlehem irgendwo in der nächsten Nähe zu liegen, sagen wir ungefähr zwischen Kratzau und Machendorf.

Nachwort
von Erich Jooss

Das Weihnachtsfest kennt viele Paradoxien. Die schönste, wirkungsvollste hat mit dem Lichtgeheimnis des Festes zu tun. Ausgerechnet in der dunkelsten Zeit des Jahres erleben wir das Licht so intensiv und verheißungsvoll wie zu keiner anderen Zeit. Dieses Licht ist bereits in den Geburtsevangelien anwesend: als „Glanz des Herrn" (Lk 2,9) und durch den Stern der Weisen. Die Geschichte vom Kind, das in eine Krippe gelegt wird, hat mit ihren Bildern des Wunderbaren eine eigenständige christliche Erzählgattung begründet. Bis heute wird das Weihnachtsgeheimnis in immer neuen Hirten-, Engel- und Dreikönigslegenden literarisch weitergesponnen. Es scheint, als seien die Urlegenden des Christentums vor allem deshalb unausschöpflich, weil sich in ihnen Himmel und Erde, Herrlichkeit und Elend, Licht und Finsternis berühren.

Neben den Legenden bildete sich in der Neuzeit eine zweite, nicht minder reichhaltige Tradition weihnachtlichen Erzählens heraus. *Dieses* Erzählen ist bewußt realistisch und somit erdenschwer, manchmal sogar melancholisch. Aber selbst wo sich weihnachtliche Wirklichkeit als Alptraum zu erkennen gibt, bleibt ein Rest an Hoffnung, ein Rest an Licht, der sich der Heiligen Nacht in Bethlehem verdankt. Dabei dürfte es kein Zufall sein, daß viele realistische Weihnachtsgeschichten aus der Sicht von Kindern erzählt werden oder zumindest die Kindheitserinnerungen von Autoren thematisieren, also autobiographischen Charakter haben. Durch Kinderaugen erhält Weihnachten ein Stück seines ursprünglichen Glanzes zurück – darin liegt die eigentliche Provokation für uns Erwachsene.

Ganz nebenbei können Kinder den Erwachsenen noch zu weiteren, befreienden Erfahrungen verhelfen. Wo die Kleinen und Kleinsten von der Christnacht erzählen, wo ihre Erwartungen, ihre Glücksvorstellungen die weihnachtliche Szenerie bestimmen, wird das Fest weniger als sonst mit Klischees aufgeladen. An die Stelle rührseliger Empfindungen, die sich kommerziell besonders gut ausbeuten lassen, tritt dann eine natürliche Direktheit, und plötzlich hat alles, wirklich alles, wieder Platz im Stall: der Aussiedler aus Rußland, der vietnamesische Engel mit dem Gipsarm, Rebekkas Traum von einem Hund und selbst der Tod und der Teufel. Zu einer Sammlung mit Weihnachtstexten, die kindliche Erlebnisperspektiven in den Mittelpunkt rücken, gehört der Moment der Überraschung genauso wie der unbefangene Umgang mit Bildern und Themen.

Eine zusätzliche Überlegung stand Pate bei der Konzeption dieses Buches: Herkömmliche Weihnachtsanthologien wenden sich entweder an erwachsene Leser oder an Kinder. Danach richtet sich auch die Auswahl der Autoren. Die alte Grenzziehung zwischen der Hochliteratur einerseits und der Kinderliteratur andererseits hält freilich einer kritischen Prüfung kaum stand. Sie ist vor allem dann unbrauchbar, wenn es um die entscheidende Frage geht, ob etwas spannend, anschaulich und glaubwürdig erzählt wird. Die vorliegende Sammlung verzichtet deshalb auf solche künstlichen Trennungen und vertraut an ihrer Stelle der erzählerischen Dynamik der Texte. Eine Geschichte, die ursprünglich für Kinder im Grundschulalter gedacht war, kann sich auch in das Herz eines viel älteren Lesers „schreiben", vorausgesetzt sie verbindet Einfachheit mit Tiefe.

Umgekehrt gilt: Kinder müssen nicht alles begreifen, was sie hören – und trotzdem wachsen ihnen durch das Unbegriffene Ahnungen und Bilder zu.

Geschichten, die etwas zu erzählen haben, eignen sich nicht automatisch, aber doch sehr häufig zum Vorlesen. Die Geschichten dieses Buches sind allesamt Vorlesegeschichten. Das zeigt schon der Duktus ihrer Sätze, der Fluß des Erzählten, der gemächlich sein kann oder mitreißend: immer läßt er jedoch dem Zuhörer die notwendige Zeit zum Einhören. Anders als das stille Lesen, das von der Umgebung isoliert, kann das Vorlesen eine kommunikative Atmosphäre erzeugen. Dadurch entsteht Nähe, vielleicht sogar Offenheit, Vertrautheit. Jede gute Vorlesegeschichte, die billige Effekte scheut, weist über sich hinaus und verführt zum Weiterdenken und zum Miteinander-Sprechen. Die Erzählungen in dieser Anthologie wurden ausnahmslos nach dem Zweiten Weltkrieg geschrieben. Das Erzählte und Erinnerte reicht jedoch bis an den Anfang unseres Jahrhunderts zurück. Die Depression der zwanziger Jahre kommt als geschichtlicher Hintergrund ebenso vor wie die Aufbauzeit nach dem Zusammenbruch des Dritten Reiches. Mit anderen Worten: Die Texte vermitteln sehr unterschiedliche Generationserfahrungen und ermutigen gerade dadurch zum Dialog zwischen den Jüngeren und den Älteren, zwischen Kindern, Eltern und Großeltern.

Eingerahmt ist die Sammlung von zwei Geschichten, die in der Form nicht unterschiedlicher sein könnten. Was ihre Botschaft betrifft, sind sie jedoch wesensähnlich. Beide Erzählungen holen geradezu erinnerungssüchtig eine verlorene Vergangenheit zurück. Heinz Piontek versetzt sich in das Kind, das er einmal gewesen ist. Er beschreibt die innere Bewegtheit dieses Kindes, dem alles zum Wunder wird: die Düfte und Stimmungen der weihnachtlichen Winterwelt, das uralte Warten und Bangen. Freilich lauert hinter der Idyllik bereits der furchtbare Schrecken, wenn Adolf Hitler mit der Laubsäge aus Sperrholz geschnitten wird oder wenn das Blut an den Nüstern der niedergeschossenen Tiere vereist. Nur unter Aufbietung aller poetischen Kräfte hält der Weihnachtszauber dem Furchtbaren (noch) stand. Auch Otfried Preußlers Geschichte, die einen Bogen zur Legende schlägt, taucht tief ein in die Vergangenheit, beschwört sie gleichsam neu. Die Kinder von Nieder-Berzdorf wissen besser als der Herr Bezirksschulinspektor, wo Bethlehem liegt, nämlich im Hier und Heute: „sagen wir ungefähr zwischen Kratzau und Machendorf". Für Piontek wie für Preußler ist die Frage nach der Wirklichkeit von Weihnachten eine Frage an unser Herz und nicht an unseren Verstand.

Die einzelnen Kapitel der Anthologie haben thematische Schwerpunkte. So beschäftigen sich die Geschichten von Hans Bender, Rolf Krenzer, Renate Schupp, Hans Baumann und Truman Capote mit den Außenseitern an der Krippe. Das kann ein Aussiedler sein, dem unvermutet die Rolle des Weihnachtsmannes zufällt, oder ein armseliger Junge, der unbedingt einen silbernen Krug, gefüllt mit Fünf- und Zehncentstücken, gewinnen will. Wie sich der Weihnachtstraum des Jungen gegen alle Hoffnung erfüllt, muß man nachlesen. Die Geschichte von Truman Capote ist eine große, leidenschaftliche Glaubensgeschichte – was sie von vielen religiösen Zweckgeschichten unserer Zeit unterscheidet. Der zweite Erzählkreis mit Texten, die Gudrun Pausewang, Lene Mayer-Skumanz, Mira Lobe, Dylan Thomas und Ursula Wölfel beigesteuert haben, schildert Weihnachten, wie wir es am meisten lieben: als ein Fest der Freude und des Schenkens. Dabei muß das Fest nicht an den Kalender gebunden sein, dies lehrt und eindrücklich die Geschichte „Der Pavillon". Schließlich das letzte Erzählkapitel: Wolfdietrich Schnurre, Siegfried Lenz, Rudolf Otto Wiemer, Erich Jooß und William Saroyan schildern hier die „Schattenweihnacht", auf die schließlich doch ein Segen fällt. Und sei es erst am dritten Tag nach dem Fest ... Weihnachten schafft weder Elend noch Streit noch Verlassenheit aus der Welt – aber es kann vorkommen, daß jemand ein Licht anzündet. Auf solche Weise ereignen sich die wahren, wirklichen Wunder, von denen Schriftsteller (manchmal) erzählen.

Quellen

Hans Baumann, Der Teufel an der Krippe, Rechte bei Elisabeth Baumann, Murnau

Hans Bender, Die Herberge, aus: Hundertfünf Fabeln, Logos-Verlag, Zürich o. J.

Truman Capote, Der silberne Krug, aus: Die großen Erzählungen, übers. von Liselotte Fassbinder, Limes Verlag, München o. J.

Erich Jooß, Schluß mit Weihnachten, Copyright beim Autor

Rolf Krenzer, Torsten und der Weihnachtsmann, Rechte beim Autor

Siegfried Lenz, Eine Art Bescherung, Rechte beim Autor

Mira Lobe, Hans-Peters schönstes Weihnachtsgeschenk, aus: D. Steinwede und S. Ruprecht (Hrsg.), Vorlesebuch Religion 2, Verlag Ernst Kaufmann, Lahr 1973

Lene Mayer-Skumanz, Jedes Jahr dasselbe (ursprünglicher Titel: Weihnachtsgeschenke), aus: J. Dirnbeck, L. Mayer-Skumanz und H. Bledl, Der Engel Blasius, Veritas Verlag, Linz 1986

Gudrun Pausewang, Der Weihnachtsmann im Kittchen, Ravensburger Buchverlag 1995

Heinz Piontek, Die Erzählungen, Langen-Müller Verlag, München 1971

Otfried Preußler, Vom wahren, vom wirklichen Bethlehem, aus: Der Engel mit der Pudelmütze, K. Thienemanns Verlag, Stuttgart, Wien 1985

William Saroyan, Am dritten Tag nach Weihnachten, aus: Moderne amerikanische Kurzgeschichten, übers. von Maria von Schweinitz, Langewiesche-Brandt, Ebenhausen 1980

Wolfdietrich Schnurre, Die Leihgabe, aus: Als Vaters Bart noch rot war, Verlags AG Die Arche, Zürich 1958

Renate Schupp, Der Engel mit dem Gipsarm, aus: R. Schupp u. R. Deßecker (Hrsg)., Bald nun ist Weihnachtszeit, Verlag Ernst Kaufmann, Lahr 1994

Dylan Thomas, Weihnachtserinnerungen, aus: Unter dem Milchwald. Übers. v. Erich Fried, Carl Hanser Verlag, München 1973

Rudolf Otto Wiemer, Ein Dorf namens Knast, aus: Bethlehem ist überall, Gütersloher Verlagshaus Gütersloh, ^{7}1992, 1979

Ursula Wölfel, Die Weihnachtslüge, aus: G. Mielitz (Hrsg.), Sei uns willkommen schöner Stern, Verlag Ernst Kaufmann, Lahr 1969

Kinder verstehen

Günter Harnisch
Was Kinderträume sagen
Traumbilder verstehen, deuten, gestalten
Band 4378

Es ist gar nicht so schwer, die Sprache des Kindertraumes zu entschlüsseln. Dieses Buch gibt dafür ganz konkrete Hilfen.

Maria Montessori
Lernen ohne Druck
Band 4371

Ein Buch, das zeigt, wie Kinder selbst entscheiden und gut vorankommen können.

Sabine Bernau
Hilfen für den Zappelphilipp
Das Selbsthilfe-Elternbuch
Band 4368

Alle notwendigen Informationen zur Hyperaktivität. Erfahrungsberichte von Eltern und Tips zur Selbsthilfe.

Ingborg Becker-Textor
Netz für Kinder
Wie Eltern Kindergruppen auf die Beine stellen können
Band 4367

Kinder brauchen Kinder. Vor allem lernen sie viel, wenn sie zugleich mit jüngeren und älteren Kindern zusammen sind.

Karin Dörner/Christiane Nebel/Alexander Redlich
Geschichten für gestreßte Kinder
Vorlesegeschichten zum Entspannen und Mutigwerden
Band 4362

Im Miterleben dieser packenden, Abenteuer- und Alltagsgeschichten lernen Kinder, wie sie sich entspannen und mutig an ihre Probleme herangehen können.

Antje Friese/Hans-Jürgen Friese
Aufregen hilft nicht, Mama!
Wie Eltern die großen Probleme ihrer Kinder verstehen und helfen können
Band 4359

Gestörte Verhaltensweisen von Kindern sind oft ein Hinweis auf verborgene Probleme. Eltern sollten lernen diese zu erkennen und hilfreich darauf einzugehen.

Armin Krenz
Kinderfragen gehen tiefer
Hören und verstehen, was sich hinter Kinderfragen verbirgt
Band 4357

Eltern kommen ihren Kindern näher, wenn sie richtig auf die Fragen ihrer Kinder eingehen können.

Renate Zimmer
Schafft die Stühle ab!
Bewegungsspiele für Kinder
Band 4345

Kinder wollen laufen, springen und toben. Bloß wo? Mit einfachen Veränderungen kann man Wohnungen, Garten und Hof freier und offener gestalten.

Eva Zoller
Die kleinen Philosophen
Vom Umgang mit „schwierigen" Kinderfragen
Band 4344

Typische Kinderfragen können einem häufig die Sprache verschlagen. Eva Zoller erschließt den „Großen" neue Möglichkeiten, ihren „Kleinen" zu begegnen.

Gertrud Meyer
Abenteuer Schulanfang
Heute Spielkind – morgen Schulkind
Band 4338

Praktische Tips, wie der „Ernst des Lebens" angstfrei angegangen werden kann.

Bruno Bettelheim
Zeiten mit Kindern
Band 4292

Hier sind die praktischen Erkenntnisse des bekannten Kinderpsychologen, sowie seine tiefsten und schönsten Einsichten in einem Werk zusammengeführt.

Claudia Gürtler
Freizeit – freie Zeit?
Grundschulkinder und ihre Freizeit
Band 4277

Langeweile: kein Thema! Praktische Tips, wie Eltern mit ihren Kindern die Freizeit sinnvoll gestalten können.

Maria Montessori
Kinder lernen schöpferisch
Die Grundgedanken für den Erziehungsalltag mit Kleinkindern
Band 4262

Vom Kind aus denken! Dieser Ansatz der genialen Pädagogin und Begründerin der Montessori-Schule hilft Eltern, Kinder als eigenständige Individuen zu fördern: Kreativ, neugierig und spielerisch leben sie sich in die Welt ein.

Leo Gehrig
Reden allein genügt nicht
Haltung und Verhalten in der Erziehung
Band 4246

Was tun bei Konflikten mit „den lieben Kleinen"? Beispiele und Anregungen für eine phantasievolle, ehrliche Eltern-Kind-Beziehung.

Judith S. Kestenberg/Janet Kestenberg-Amighi
Kinder zeigen, was sie brauchen
Wie Eltern kindliche Signale richtig deuten
Band 4222

Darauf können Sie vertrauen: Ihr Baby weiß selbst am besten, was es braucht. Hilfreiche Hinweise für gestreßte und schlaflose Eltern.

Eva Rachor-Waldeck
Mama, sag bravo!
In der Familie offen miteinander umgehen
Band 4210

Friede, Freude, Eierkuchen – so sieht kein Familienalltag aus. Dennoch gibt es Wege, das Zusammenleben von Kindern und Eltern harmonisch zu gestalten.

Armin Krenz
Seht doch, was ich alles kann
Was uns Kinder sagen wollen
Band 4209

Die Innenwelt des Kindes. Ein Buch, das die Vielfalt kindlicher Ausdrucksformen lesbar macht und hilft, Fähigkeiten besser zu entfalten.

Emil E. Kobi/Heidi Roth
Kinder von Aggressiv bis Zerstreut
Ein Ratgeber für den Erziehungsalltag
Band 4182

Damit aus einer Kinderzimmer-Mücke kein Elephant wird: überzeugende Vorschläge, die Probleme lösen und Fehlentwicklungen erkennen helfen.

Anne C. Bernstein
Deine, meine und unsere Kinder
Die Patchworkfamilie als gelingendes Miteinander
Band 4178

Eine Ehe scheitert, eine neue Beziehung wächst – und die Kinder beider Partner? Konkrete Hilfen für ein entspanntes Familienklima.

Marianne Arlt
Pubertät ist, wenn die Eltern schwierig werden
Tagebuch einer betroffenen Mutter
Mit einem Nachwort von Christine Swientek
Band 4100

Wenn Kinder „in die Jahre kommen", ist der Familienfrieden dahin. Marianne Arlt erzählt von heftigen Erfahrungen und wie man trotzdem ganz gut mit ihnen leben kann.

Lesezeit

Jörg Zink
Die zwölf Nächte
Was Weihnachten bedeutet
Band 4310

In zwölf nächtlichen Meditationen bringt Jörg Zink dem Leser die auch heute noch gültige Botschaft vom Licht in einer dunklen Welt nahe.

Wolfgang Kasack
Russische Weihnachten
Ein literarisches Lesebuch
Band 4227

„Ein faszinierendes Zeugnis der alten und ungebrochenen russischen Fähigkeit zu echter, festlicher Freude" (Münchner Merkur).

Anthony de Mello
Eine Minute Unsinn
Weisheitsgeschichten
Band 4379

Die Leichtigkeit des Seins ist es, in die de Mellos geschliffene Skizzen einladen.

Jorge Amado
Der Gestreifte Kater und die Schwalbe Sinhá
Eine Liebesgeschichte
Band 4337

Ein zartes Märchen vom großen Poeten Lateinamerikas.

Anthony de Mello
Zeiten des Glücks
Herausgegeben von Anton Lichtenauer
Band 4330

Das Glück ist nicht zu „machen", aber Glücklich-Sein kann man üben. Heitere, leichte und zugleich tiefe Texte eines großen spirituellen Lehrers.

Thomas Merton
Zeiten der Stille
Herausgegeben und eingeleitet von Bernardin Schellenberger
Band 4107

Auf das ursprüngliche Sprechen des Schweigens wieder zu hören – dazu leitet dieses Buch an.

Eugen Drewermann
Das Eigentliche ist unsichtbar
Der Kleine Prinz tiefenpsychologisch gedeutet
Band 4068

Ist es der ewige Traum verlorener Kindheit, der Saint-Exupérys Kleinen Prinzen so faszinierend macht? Mit dem Bestsellerautor Eugen Drewermann auf Reisen zu sich selbst.

Mircea Eliade
Hochzeit im Himmel
Roman
Band 4056

„Ich träumte von einem Liebesroman, der ganz anders sein sollte als alles, was bis dahin geschrieben worden war" (Mircea Eliade).

Annemarie Schimmel
Die orientalische Katze
Mystik und Poesie des Orients
Band 4033

Die berühmte Orientalistin zeigt hier, wie die Poeten und Weisen des Ostens die Katze, dieses geheimnisvolle Tier, verstanden.

José Luis Sampedro
Das etruskische Lächeln
Roman
Band 4022

Erst wenn man wirklich gelebt hat, überdauert das Lächeln auch den Tod. „Eine lesenswerte zeitgemäße Familiensaga!" (Münchner Merkur).